경제의 역사와 원리를 알려주는 경제동화

글쓴이 **김선희**

어린이책을 기획하고 집필하는 일을 하고 있습니다. 그동안 쓴 책으로는 《흐린 후 차차 갬》《열아홉 개의 새까만 눈》《할머니의 보릿고개》《나, 전갈자리 B형 소년》《화학탐정, 사라진 수재를 찾아라》《물리탐정, 학교전설의 비밀을 풀어라》《생물탐정, 고래섬의 숨겨진 비밀을 찾아라》 등이 있습니다.

그린이 **최상훈**

홍익대학교 서양화과를 졸업한 후 아이들을 위해 그림을 그리고 있습니다. 그동안 그린 책으로 《사막으로 간 느티나무》《숨은 과학 1,2,3》《초등영어사전》《열아홉 개의 새까만 눈》《세상 모든 음악가의 음악 이야기》《우리나라 좋은 동화》《제2의 인간, 로봇》 등이 있습니다.

경제의 역사와 원리를 알려주는 경제동화

경제탐정 위기에 빠진 경제를 살려라!

김선희 글 | 최상훈 그림

주니어김영사

글쓴이의 말

살아가기 위해서는 경제가 꼭 필요해요

　아주 멀고 먼 과거의 어느 날, 한 남자가 배고픔에 굶주리며 길을 걷고 있었어요. 그는 먹지 않으면 죽을 수도 있다는 것을 알았어요. 그는 먹을 것을 찾아 헤맸어요. 강에도 들어가 보고, 산에도 올라가 보고, 들판도 달려 봤어요. 그러다 나무에서 열매를 발견하고 그것을 따서 입에 넣었어요. 달콤하고 새큼한 과즙이 입 안에 가득했죠. 그는 굶어 죽지 않고 계속 살아남았어요. 물론 그 과일을 먹고, 또 다른 열매를 따 먹으면서.

　그 뒤로 긴 세월이 흘렀어요. 사람들은 사냥을 하고, 물고기를 잡고, 열매를 따 먹으며 살았어요. 살다 보니, 사냥한 고기가 남고 추수한 곡식이 남아 이웃 부족과 바꾸게 되었지요. 물건으로 바꾸다 보니 "네 것이 적다.", "내 것이 많다."는 문제로 다투게 되었어요. 그래서 화폐를 만들었지요.

　인구수가 점점 늘어나고, 물건들이 점점 많아지면서 시장이 생겨났어요. 그래서 이웃 부족과도 물건을 사고팔게 되었지요. 점점 더 멀리 가서 물건을 사고팔게 되었어요.

　인간은 밥만 먹고 살 수는 없다는 것을 알게 되었어요. 먹을 게 풍족해지면서 먹는 것 이외의 물건들이 필요해졌지요. 그래서 수많은 물건들을 만들어 냈어요. 예술처럼 즐길 수 있는 것들도 만들어 냈고요.

이처럼 인간이 살아가는 데 필요한 물건이나 서비스를 만들어 내고, 그것들을 사고파는 것을 '경제'라고 해요. 원시 시대, 굶주린 한 남자가 먹을 것을 찾아 헤매다 열매를 따 먹은 그 행위는 경제 활동의 시작이라고 할 수 있어요. 단순히 일을 하고, 돈을 버는 것만이 경제 활동이 아니에요. 넓은 의미로 본다면 우리 어린이들도 지금 경제 활동을 하고 있는 거예요. 학교에 다니고, 학원에 다니는 것도 경제 활동의 일종이죠.

이 책에 등장하는 이름없는나라는 경제의 '경' 자도 몰랐어요. 그렇지만 지구에서 온 구원자들 덕분에 지금은 우주에서도 떵떵거리며 잘사는 별이 되었대요. 지구에서 온 구원자가 누구인지, 어떤 활약을 하는지 지켜보세요.

여러분들이 이 책을 읽으며 경제가 어떻게 시작됐으며, 어떻게 발전해 왔는지 살펴보는 계기가 되길 바랍니다.

김선희

글쓴이의 말 • 4

구원자 • 11

거북이 등껍질에 새겨진 글씨 • 20

용하다할멈을 찾아서 • 27

처음 먹는 수제비 • 48

지폐에는 왕 얼굴을 넣어라 • 64

은행은 돈 도둑? • 81

캡싸다 마트 대소동 • 96

내꺼야원유 쟁탈 작전 • 117

죽음빌라에서는 어떤 일이? • 133

싹쓸이 세금 • 136

막써요술카드 • 145

다터져휴대폰 주식회사 • 159

죽음빌라를 탈출한 공주 • 176

남느냐, 떠나느냐 • 188

용하다할멈을 잡아라 • 204

등장인물

이민구

민구는 어렸을 때부터 용돈기입장과 예금통장을 관리할 정도로 알뜰한 어린이랍니다. 아빠 회사의 부도라는 어려움이 민구네 집에 닥치지만 이때의 경험으로 이름없는나라 사람들을 도울 수 있었어요.

김원빈

원빈이는 시골에서 농사를 짓는 할아버지와 함께 살고 있어요. 그래서 집안 살림과 농사일에는 도사랍니다. 수제비를 끓이는 법과 농사 짓는 법 등 실질적인 경험을 통해 익힌 지식으로 이름없는나라 사람들을 돕습니다.

신자영

자영이는 공부면 공부, 피아노면 피아노, 뭐든 똑 소리 나게 잘하지만 한편으로는 친구를 만날 틈도 없이 학원과 학교를 오가며 공부하기에 바쁜 고달픈 도시 어린이랍니다. 하지만 뛰어난 자영이의 경제 실력은 위기에 처한 이름없는나라의 경제를 살리는 데 큰 도움이 되지요.

이름없는 나라 왕

하루에 열두 끼나 먹어 치우는 대식가 왕이랍니다. 게다가 공주로 변한 용하다할멈도 알아보지 못하다니! 안타깝게도 용하다할멈의 마법약 때문에 판단력이 흐려지고 잠만 자려고 한답니다.

미미 공주

나라를 생각하는 마음이 남다르고 용감한 미미 공주는 나라를 구하기 위해 위험을 무릅쓰고 악몽 계곡의 용하다할멈을 찾아갑니다. 하지만 어떡하죠? 용하다할멈의 계략으로 몸이 바뀐 채 죽음빌라에 갇혀 있는 신세가 되었으니! 과연 미미 공주는 무사히 죽음빌라를 탈출할 수 있을까요?

미미 공주 용하다할멈

용하다할멈

악마 계곡의 죽음빌라에 사는 마법사로 욕심보따리랍니다. 공주와 몸을 바꾼 뒤 공주 행세를 하며 온갖 나쁜 짓을 서슴지 않고 저지르고 다니지요.

그 밖에 이름없는나라의 장관들이랍니다.

행복부장관▶

국방부장관▶

재정부장관▲

구원자

> 이민구

정확히 4시 59분 1초.

민구는 그 시간 중국집인 '웃기는 자장' 앞을 지나고 있었다.

이곳을 지날 때가 민구는 제일 괴롭다. 중국집 문 밖으로 자장 볶는 구수한 냄새가 풍겼다. 민구는 자기도 모르게 침을 꼴깍 삼켰다. 배에서는 기다렸다는 듯이 꼬르륵 소리가 새어 나왔다.

민구는 고개를 푹 숙이고 걸었다. 요즘 세상에 밥을 굶는 아이가 있다는 게 믿어지지 않겠지만, 민구는 아침, 점심을 먹지 않았다. 요즘 밥을 제대로 먹고 다닐 형편이 못 되었다.

민구는 얼마 전까지만 해도 빨간색을 제일 좋아했다. 빨간색 하면 생각나는 월드컵. 그때는 정말이지 굉장했었다. 민구는 빨간색 붉은 악마 티셔츠를 입고 다니며 "대~한민국!"을 목이 터져라 외쳤다. 월드컵이 끝나고 1년이 지나고 2년이 지났을 때까지 민구는 여전히 붉은 악마 티셔츠를 입고 다녔다.

그러나 지금은 사정이 다르다. 붉은 악마 티셔츠는 이미 쓰레기통에 버렸고 빨간색이라면 떡볶이도 쳐다보기 싫다.

민구가 빨간색을 싫어하게 된 데는 다 이유가 있다. 바로 집 안 살림살이에 붙은 빨간 딱지 때문이다.

민구 아빠는 작은 중소기업을 경영하는 사장님이었다. 아빠 회사에서는 자동차에 들어가는 부속품을 만들었다.

하지만 회사가 부도나는 바람에 쫄딱 망하고 말았다. 아니 망한 정도가 아니다. 집은 물론, 집에 있는 물건들까지 차압당했다. 집에 있는 물건에는 빨간색 압류 딱지가 붙었다. 텔레비전에도 냉장고에도 장롱에도 식탁에도, 심지어는 민구가 아끼는 컴퓨터까지도 말이다. 텔레비전 연속극에서나 일어날 것 같은 일이 민구네 집에도 일어난 것이다.

아빠는 매일 술만 마셨고, 엄마는 매일 울었다. 만일 법원에서 정한 날까지 돈을 갚지 못하면 압류 딱지가 붙어 있는 물건들은 모두 경매에 부쳐진다고 했다. 말하자면 민구네는 집도 가구도 없이 맨몸으로 길바닥에 나앉게 되는 것이다.

민구가 고개를 푹 숙이고 걷고 있을 때, 길바닥에 떨어져 있는 만 원짜리 지폐 한 장이 보였다. 민구는 일단 주위부터 둘러보았다.

'저 돈이면 자장면을 사 먹을 수 있어.'

민구는 재빨리 지폐를 집으려고 했다.

그때였다.

휘리릭!

지폐가 훌쩍 날아가더니 저만큼 멀어졌다. 민구는 재빨리 지폐를 따라 달려갔다. 그런데 지폐는 민구를 놀리기라도 하듯 자꾸 달아나는 게 아닌가!

지폐를 쫓아가다 보니 어느새 공원이었다. 지폐는 공원 의자 위에 살포시 내려앉았다. 민구는 잠자리를 잡듯 한 발 한 발 다가갔다. 민구가 엄지와 검지를 뻗어, 만 원짜리 지폐를 집으려는 순간, 갑자기 하늘에서 강렬한 빛이 쏟아졌다. 빛은 순식간에 민구를 집어삼켰다.

정확히 오후 5시에 일어난 일이었다.

김원빈

　정확히 4시 59분 1초.

　원빈이는 그 시간 고추밭을 향해 달려가고 있었다.

　오늘은 고추 따는 날, 할아버지는 이른 새벽부터 고추밭에 가셨다.

　원빈이는 할아버지와 함께 살고 있다. 원빈이에게도 아빠, 엄마는 있었다. 하지만 지금은 없다. 아니, 있어도 없는 것과 마찬가지다.

　원빈이는 2년 전까지만 해도 아빠, 엄마와 행복하게 살았다. 아빠, 엄마는 농사를 지었다. 하지만 벼농사만 지어서는 할아버지와 동생까지 다섯 식구가 먹고 살기에도 빠듯했다. 아빠는 많은 돈을 빌려 비닐하우스를 지었다. 꽃을 키워 외국에 수출하면 많은 돈을 벌 수 있다는 얘기를 들은 뒤였다.

　예쁘고 탐스러운 장미가 비닐하우스 안에서 꽃송이를 피워 올렸다.

　하지만 여름이 끝나 갈 무렵, 원빈이의 마을에 큰 홍수가 났다. 1년 동안 피땀 흘려 지어 놓은 농사가 단 며칠 만에 빗물에 휩쓸려 갔다. 논과 밭은 산에서 흘러내려 온 흙더미에 묻혀 흔적조차 없이 사라졌다. 물론 비닐하우스도 사라졌다.

　아빠는 비오는 날 미친 듯이 밖으로 뛰쳐나갔다. 비에 흠뻑

젖어 하늘을 보고 고래고래 고함지르는 아빠는 정말로 미친 사람 같았다.

그때부터 아빠가 이상했다. 매일 술만 마셨고 도무지 일을 하지 않았다. 엄마와도 자주 싸웠다.

어느 날, 학교에서 돌아왔는데 엄마가 없었다. 저녁때가 되어도 그 다음날이 되어도 엄마는 돌아오지 않았다.

아빠는 술을 마시면 원빈이를 때렸다. 시험을 못 봤다는 이유로, 말을 안 듣는다는 이유로 맞았을 때는 그래도 억울하지는 않았다. 하지만 아무 이유도 없이 맞을 때는 정말이지 억울해서 소리라도 지르고 싶었다.

아빠는 점점 더 술을 많이 마셨고, 그때마다 원빈이에게 돌아오는 건 참기 힘든 매타작이었다. 보다 못한 이웃 사람들이 경찰에 신고했고 아빠는 경찰 아저씨한테 잡혀갔다. 지금은 알코올 중독자를 치료하는 요양소에 있다.

원빈이는 고추밭에서 고추를 따고 있는 할아버지에게 소리쳤다.

"할아버지, 저 왔어요."

할아버지는 허리를 펴고 잠시 원빈이를 보더니, 또다시 바쁘게 고추를 땄다. 원빈이도 고추를 따기 시작했다. 빨갛고 탐스러운 고추가 매운 냄새를 뿜어냈다.

원빈이는 할아버지를 향해 소리쳤다.

"할아버지, 좀 쉬었다 해요!"

원빈이는 마음속으로 다짐했다.

'돈을 많이 벌어서 꼭 할아버지를 호강 시켜 드려야지.'

원빈이는 붉은 고추를 따서 자루에 넣었다. 그때 고추밭 이랑에서 누군가 원빈이를 보고 손을 흔들었다.

엄마였다!

'엄마!'

원빈이는 마음속으로 엄마를 불렀다. 엄마 생각이 날 때마다 원빈이는 '엄마가 날 버렸다고, 그래서 다시는 엄마를 부르지 않겠다.'고 맹세했다.

그런데 그 엄마가 지금 고추밭에 와 있는 것이다. 원빈이는 엄마가 있는 쪽으로 뛰어갔다.

엄마의 푸른 옷자락이 사그락거리며 밭둑 쪽으로 가고 있었다. 원빈이는 엄마를 향해 뛰어갔다. 하지만 엄마는 마치 숨바꼭질이라도 하듯 도망갔다.

"엄마!"

원빈이는 목청껏 엄마를 불렀다.

그때 갑자기 하늘에서

밝은 빛이 쏟아졌다. 눈이 부셨다. 빛은 순식간에 원빈이를 집어삼켰다.

정확히 오후 5시에 일어난 일이었다.

신자영

정확히 4시 59분 1초.

자영이는 그 시간 영어 학원에 있었다.

영어 선생님 설명을 듣고 있는데 창문에서 지현이가 안을 들여다보고 손짓을 하는 게 아닌가! 지현이는 3학년 때 가장 친했던 친구였다. 하지만 5학년이 되자 자영이는 지현이와 놀 시간이 없었다. 서로 얼굴 볼 시간도 없을 정도로 바빴다.

언젠가 학원을 빼먹고 지현이네 집에 가서 논 적이 있었다. 시간이 어떻게 흘러갔는지 모르게 저녁때가 되었다. 그리고 엄마가 모든 사실을 알게 되었다. 엄마는 화가 잔뜩 난 얼굴로 지현이네 집으로 달려왔다.

자영이는 그날부터 친구와 노는 게 금지되었다. 친구뿐 아니라 개인 시간도 전혀 없었다. 오로지 학원에만 다녀야 했다.

토요일, 일요일이라고 해서 쉬는 건 아니다. 토요일에는 경제 신문사에서 주최하는 경제 교실에 나간다. 일요일에는 각종 경시대회에 나간다. 각종 경시대회에서 자영이가 타 온 상장은 앨

범을 가득 채우고도 남을 정도다.

　자영이는 일주일 내내 공부 또 공부를 해야 했다. 엄마는 그래야 나중에 좋은 대학에 간다고 했다. 또 좋은 대학을 나와야 사람 대접을 받는다고도 했다. '나중에 사람 대접을 받기 위해' 자영이는 참고 열심히 공부해야만 했다.

　엄마는 자영이 학원비를 벌기 위해 파출부를 하고 있다. 아빠의 월급 갖고는 어림도 없기 때문이다. 엄마는 하루에 두 집에서 세 집 정도 다니며 일을 하기 때문에 밤늦게야 돌아온다.

　학원을 많이 다녀서 그런지 자영이는 확실히 똑똑하고 공부도 잘한다. 경시대회에서는 매번 1등을 놓치지 않는다. 또 피아노면 피아노, 그림이면 그림, 농구, 수영 등 못 하는 게 없다.

　창문 밖에 서 있는 지현이를 발견한 자영이는 반가운 마음에 벌떡 일어나 소리쳤다.

　"지현아!"

　"자영, 뭐하는 거야?"

　영어 선생님이 자영이 쪽으로 다가왔다.

　자영이는 대답도 하지

않고 밖으로 나갔다.

지현이는 어느새 복도 저쪽에 서서 손을 흔들었다. 자영이는 지현이를 쫓아갔다. 하지만 지현이는 어디론가 사라지고 없었다.

자영이는 어리둥절한 얼굴로 주위를 둘러보았다. 그때 강렬한 한줄기 빛이 창문으로 들어왔다. 그 빛은 순식간에 자영이를 집어삼켰다.

정확히 오후 5시에 일어난 일이었다.

오후 5시 정각.

이민구, 김원빈, 신자영에게는 무슨 일이 일어난 걸까?

빛이 사라지고 난 뒤 눈을 떠 보니, 세 사람은 이상한 곳에 와 있었다. 커다란 통 같기도 하고, 커다란 밥솥 같기도 한 곳이었다.

세 명은 빛이 눈에 익숙해질 때까지 눈을 깜박거렸다.

맨 처음 입을 연 것은 원빈이였다. 원빈이는 자영이와 민구를 보더니 물었다.

"누구냐, 넌?"

이번에는 자영이와 민구가 차례로 물었다.

"그러는 넌?"

"너희들은 누구니?"

하지만 아무도 그 질문에 대답할 수 없었다.

거북이 등껍질에 새겨진 글씨

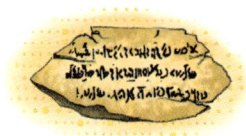

어떻게 이런 일이 일어났는지를 알려면 12시간 전으로 거슬러 올라가야 한다.

12시간 전, 지구 상에는 없고 지구 밖 우주에 있는 '이름없는 나라' 라는 별에서 끔찍한 일이 일어나고 있었다.

이름없는나라에는 인자하고 후덕한 왕이 별을 다스리고 있었다. 왕은 낙천적인 성격에 먹는 것을 매우 좋아했다. 그런데 아무 걱정 근심 없이 평생을 살아왔던 왕에게 갑자기 고민이 생겼다.

"아니, 도대체 그게 무슨 말이냐? 어째 이런 일이? 어휴……."

왕은 소리를 버럭 지르기도 하고 한숨을 푹푹 내쉬기도 했다. 벌써 몇 시간째, 장관들은 이마가 땅에 닿도록 고개를 숙인 채 꿀 먹은 벙어리이다.

"입이 있으면 누가 말을 좀 해 보거라. 대체 이 일을 어찌하면 좋단 말이냐?"

왕이 또 소리쳤다. 맨 앞에 앉아 있는 재정부장관이 염치없는 목소리로 말했다.

"입이 있어도 말 못하는 저희들을 용서하여 주시옵소서."

"아이구, 이런! 이런!"

왕은 옆에 있던 꽃병을 높이 쳐들었다. 장관들이 재빨리 머리를 손으로 감싸 쥐었다.

꽃병을 던지려다 말고 왕은 잠시 생각했다.

'아니잖아, 이 아까운 꽃병을 깨트려 버리면 다시는 구할 수가 없지.'

왕은 슬그머니 꽃병을 내려놓았다. 그런 다음 꽃병을 탁자 밑으로 살며시 밀어 놓는 것도 잊지 않았다.

장관들은 살았다는 듯이 안도의 한숨을 내쉬며 손을 내렸다.

왕은 책상 위에 놓여 있는 거북이 등껍질 문서와 시계를 다시 한번 들여다보았다. 거북이 등껍질에는 분명히 이런 글씨가 새겨져 있었다.

이 시계가 멈추는 날 무진장기계도 반드시 멈추리라.
그날은 이 나라가 생긴 지 딱 5000년이 되는 날이리라.

째깍째깍. 시계 초침 소리가 저승사자의 속삭임처럼 들렸다. 앞으로 남은 기간이 3개월 하고도 12일, 1시간 1분이었다.

똑딱똑딱, 시간은 계속 흘러갔다.

왕의 얼굴은 공포로 일그러졌다.

"누가 저 시계 소리 좀 안 들리게 하라. 도저히 괴로워서 못 듣겠도다."

그 말이 떨어지기가 무섭게 옆에 서 있던 시종이 커다란 수건으로 시계를 덮어 버렸다.

주위가 조용해졌다. 왕의 마음도 조금은 진정되었다.

왕은 여러 장관들을 향해 위엄 있는 목소리로 말했다.

"이제부터 어떻게 해야 좋겠느냐? 모두들 좋은 의견을 말해 보아라."

하지만 장관들은 서로 눈치만 살필 뿐 누구 하나 입을 열지 않았다. 왕의 뺨이 풍선처럼 부풀어 오르기 시작했다. 화가 났다는 표시이다. 왕의 뺨이 더 부풀어 올라 터지기 전에 장관들은 좋은 의견을 내놓아야만 한다.

장관들은 자신들의 머리를 쥐어뜯기 시작했다.

머리카락을 있는 대로 쥐어뜯던 재정부장관이 마침내 입을 열었다.

"무진장기계를 다시 만드는 것이 어떻사옵니까?"

왕이 한심하다는 듯 말했다.

"기술자가 없는데 어떻게 기계를 만든단 말이냐?"

재정부장관 옆에 서 있던 행복부장관이 말했다.

"좋은 생각이 있사옵니다."

모두들 행복부장관을 쳐다보았다. 행복부장관이 두 눈을 반짝이며 말했다.

"우리나라 주민 모두가 '다른이나라'로 이민을 가는 것이옵니다. 무진장기계가 있는 다른이나라를 알아볼깝쇼?"

그러자 숫돌에 도끼날을 갈고 있던 국방부장관이 우렁찬 목소리로 말했다.

"저 시계를 부숴 버리는 건 어떻습니까요? 당장 명령만 내리십쇼. 이 도끼로 그냥 확!"

국방부장관은 날카롭게 날이 선 도끼를 들어 내리치는 시늉을 해 보였다.

왕의 뺨은 크게 부풀어 올라서 터질 지경에까지 이르렀다.

"아이고 답답해! 이 나라에 이다지도 인재가 없단 말인가. 분하고 원통하도다. 절통하고 안타깝도다!"

왕의 눈에 눈물이 고였다. 시종이 재빨리 왕의 눈에 유리병을 갖다 댔다. 왕은 눈을 찔끔 감았다. 눈물 한 방울이 유리병 속으로 똑 떨어졌다. 눈물을 흘리자 부풀어 올랐던 뺨이 순식간에 풍선에서 바람이 빠진 듯 홀쭉해졌다.

눈물을 다 흘린 왕은 장관들을 향해 위엄 있는 목소리로 말했다.

"여봐라. 일주일 여유를 줄 것이다. 일주일 안에 반드시 우리 나라를 이 위기에서 건질 방법을 생각해 내거라. 만약 그때까지 좋은 의견을 내놓지 못한다면 그대들 모두를 악몽 계곡으로 보내 버릴 것이니, 그리 알아라."

"아, 아, 악, 악몽 계곡이라굽쇼?"

왕의 말이 끝나기도 전에 장관들은 오돌오돌 떨었다.

악몽 계곡은 이 나라 사람들이 가장 무서워하는 곳이다. 악몽 계곡에 갔다가 멀쩡하게 돌아온 사람은 지금까지 한 명도 없었다. 모두들 정신이 반쯤 나가서 돌아온다. 몸은 살아 있지만 혼이 나간 채 빈껍데기만 돌아오는 것이다.

악몽 계곡에는 죽음빌라가 있다. 죽음빌라에는 용하다할멈이 살고 있다. 용하다할멈은 살아 있는 사람의 기억을 빼먹는다는 소문이 있다. 지금까지 한 번도 용하다할멈을 본 사람은 없었다. 용하다할멈이 기억을 빼먹어 버려서 살아 돌아온다고 해도 기억하지 못하기 때문이다.

궁궐을 나오며 장관들은 한숨을 푹푹 내쉬었다.

"아이고, 우리는 죽었네."

그렇다면 왜 이런 소동이 일어났을까?

이 나라에는 오래전부터 대대로 전해 내려오는 무진장기계가 있다. 조상 대대로 물려받은 이 무진장기계는 원하는 물건을 무엇이든지, 그것도 공짜로 준다.

무진장기계 덕분에 이 나라 사람들은 일을 할 필요가 없었다. 뭐든 필요한 것을 이 기계에게 말하기만 하면 알아서 척척 내주었다. 그래서 이 나라에는 공장도 없고 돈도 없고 부자도, 가난한 사람도 없었다.

그런데 문제가 생겼다.

궁궐 깊숙한 곳에 보관돼 있던 비밀문서가 공개된 것이다. 비밀문서는 전설에 따라 달이 해를 가리는 날에 열게 돼 있었다.

오늘이 바로 그날이었다. 대낮인데도 사방이 깜깜해졌다. 불길한 기운이 나라 안에 가득했다.

왕은 즉시 비밀문서를 공개했다.

그런데 무진장기계가 멈춘다니! 마른하늘에 날벼락이었다. 이제 먹을 것은 어디에서 구할 것이며, 옷, 신발, 음료수, 책 등은 다 어디에서 구한단 말인가. 다른 건 다 참겠는데 당장 갈아입을 팬티는 어떻게 할 것인가!

왕은 비상계엄령을 선포했다. 국민 한 사람당 하루에 한 번만 무진장기계를 사용하라는 명령을 내렸다. 하지만 그 방법이 문제를 해결하지는 못했다. 어쨌거나 3개월 12일, 1시간, 1분이 지나면 무진장기계는 멈춰 버린다. 그리고 지금 이 순간에도 계속 시간은 흘러간다. 째깍째깍, 째깍째깍.

용하다 할멈을 찾아서

왕은 통 입맛이 없었다. 평상시라면 하루에 열두 끼를 먹었겠지만 벌써 한 시간째 아무것도 먹지 못하고 있다. 몸도 많이 해쓱해져서 바지가 자꾸 흘러내렸다.

'이 노릇을 어찌해야 좋단 말인가. 무진장기계가 멈추면 우리 국민들은 꼼짝없이 굶어 죽을 수밖에 없는데……. 아, 이럴 때는 왕이 된 게 원망스럽도다.'

왕은 창가에 앉아서 깊은 생각에 잠겨 있었다. 아무리 생각해도 이 나라 백성들을 살릴 뾰족한 방법이 떠오르지 않았다.

"아바마마!"

그때 미미 공주가 방으로 들어왔다.

"오, 사랑스런 나의 공주! 어서 오너라."

왕은 흘러내리는 바지춤을 움켜쥐고 공주에게로 다가갔다.

미미 공주는 왕에게 하나뿐인 자식이다. 왕비는 미미 공주를 낳고 죽었다. 어미 없이 자란 공주를 볼 때마다 왕은 마음이 쓰렸다. 그래서 공주를 끔찍이 위했다. 왕은 두 팔을 벌려 공주를 안았다. 공주는 한없이 슬픈 얼굴로 왕의 팔에 안겼다.

"얼마나 심려가 크시옵니까, 아바마마!"

왕은 눈물이 떨어지려는 것을 꾹 참았다. 유리병을 준비하지 못했기 때문이다.

"나의 사랑스러운 공주야. 이 아비는 이 나라의 왕이 된 게 너무나도 원망스럽구나. 이렇게 아무 대책 없이 무진장기계가 멈추는 것을 기다려야만 하다니, 이를 어찌하면 좋단 말이냐? 아, 이 무슨 잔인한 운명의 장난이란 말이냐!"

왕은 자기가 생각해도 방금 한 말은 너무나 감동적이어서 가슴이 뭉클해졌다.

"제가 어떻게 해서든 이 나라를 살릴 방법을 생각해 보겠습니다. 너무 심려치 마시옵소서, 아바마마."

공주는 슬픔으로 가슴이 터져 버릴 것 같았다. 공주는 눈물을 간신히 삼키고 왕의 방을 나왔다.

공주의 방은 궁궐 맨 꼭대기에 있다. 달팽이관처럼 생긴 꼬불꼬불한 계단을 올라가면 나오는 다락, 그곳에 공주의 방이 있다. 다락방은 공주의 방이라고는 믿어지지 않을 만큼 검소하다. 가구라고는 나무로 만든 침대와 옷장 하나, 차를 마실 수 있는 자그마한 탁자 하나뿐이다.

공주는 탁자 앞에 앉아서 깊은 생각에 잠겼다.

'이제 얼마 후면 무진장기계가 멈춘다. 그렇게 되면 이 나라의 운명도 끝난다. 어쩌면 좋지?

공주는 방 안을 왔다 갔다 하기도 하고 창가에 앉아 머리를 감싸 쥐며 생각에 잠겨 보기도 했다. 침대에 벌렁 누워 일만 이천오백삼십여섯 번을 생각해도 결론이 나지 않았다.

드디어 일만 이천오백삼십일곱 번 생각을 한 끝에, 공주는 침대에서 벌떡 일어나며 소리쳤다.

"그래! 용하다할멈을 찾아가 보는 거야. 용하다할멈은 이 나라를 구할 방법을 알 거야. 죽기 아니면 까무러치기지 뭐."

공주는 옷장 문을 열고 사냥 옷을 꺼내 입었다. 새 깃털이 달려 있는 모자도 쓰고, 악어가죽으로 만든 장화도 꺼내 신었다. 마지막으로 벽장 깊숙이 숨겨 놓았던 활도 꺼냈다. 공주가 가장 아끼는 그 활은 사냥을 나갈 때 사용하던 무기였다.

공주는 거울을 보았다. 그런대로 용감해 보였다.

악몽 계곡은 이 나라의 동쪽 끝에 있다. 수많은 들판과 강, 산을 지나야 다다르는 곳, 그 누구도 가기를 두려워하는 곳, 살아 돌아온다고 해도 빈껍데기만 돌아오는 곳, 지금 미미 공주는 그 곳을 향해 가고 있다.

'괜찮을 거야. 난 이 나라 공주야. 아무리 나쁜 용하다할멈이라도 이 나라 공주를 해치지는 않을 거야. 괜찮아, 괜찮아!'

공주는 달리는 말 위에서 그렇게 자기 자신을 위로했다.

멀리 악몽 계곡 입구가 보이자 공주는 두려움에 떨기 시작했다. 하지만 금세 정신을 차려 자기 자신에게 말했다.

'이제 가면 영영 돌아올 수 없을지도 몰라. 아니, 돌아온다 해도 기억을 잃어버릴지도 몰라. 하지만 두려워해서는 안 돼. 이 나라를 살릴 수만 있다면 지옥에라도 뛰어들어야 해. 내 한 몸 희생해서 이 나라를 살릴 수만 있다면 얼마든지 내 몸은 희생할 수 있어. 용기를 내. 넌 할 수 있어!'

미미 공주의 두 눈은 태양처럼 이글거렸다.

악몽 계곡에서 죽음빌라까지 가려면 일곱 개의 문을 통과해야만 한다. 각 문 앞에는 무시무시한 괴물이 지키고 있었다.

첫 번째 문 앞에는 불을 내뿜는 커다란 괴물이 서 있었다. 공주는 괴물을 향해 활을

쏘았다. 활은 정확히 괴물의 왼쪽 콧구멍 안에 박혔다. 괴물은 불을 토하고 죽어 버렸다.

두 번째 관문은 물을 내뿜는 괴물이었다. 괴물이 내뿜는 물은 폭포처럼 강해서 아무리 힘센 장사라도 물에 떠내려가 버리고 만다. 공주는 날쌔게 괴물의 머리 위로 올라가 칼로 괴물의 혀를 잘라 버렸다. 괴물은 삽시간에 몸이 말라서 죽어 버렸다.

세 번째는 가시덤불 괴물이, 네 번째는 거대한 날개가 달린 괴물이, 다섯 번째는 거대한 용이, 여섯 번째는 사람을 얼음으로 만드는 얼음괴물이, 마지막 일곱 번째에는 아름다운 꽃으로 변해서 침입자를 취하게 만든 후, 독가스를 뿜어내는 꽃괴물이 지키고 있었다.

공주는 괴물들을 차례로 무찔렀다. 괴물을 무찌를 때마다 공주는 점점 더 강해졌다.

드디어 마지막 일곱 번째 관문을 무사히 통과했을 때, 공주의 몸은 상처투성이였다. 불에 데고 괴물의 이빨에 찔리고 독가스에 정신이 어질어질했다. 하지만 공주의 두 눈은 여전히 이글이글 불타고 있었다.

한편, 그 시간 죽음빌라 안에 사는 용하다할멈은 마법의 수정 거울을 보고 있었다.

"도대체 누가 나보고 할멈이라고 하는 거야? 이렇게 아름답고 예쁘고 섹시한 할멈 있음 나와 보라고 그래! 오호호호, 정말 난 언제 봐도 아름다워. 이 몸매 좀 봐. 쫙 뻗었잖아! 이 얼굴은 또 어떻고! 눈이 부셔서 제대로 볼 수가 없잖아. 안 그러니, 수정거울아?"

용하다할멈은 이름처럼 할머니 외모는 아니었다. 하지만 언뜻 보면 예뻐 보여도 알고 보면 그건 다 화장발이었다. 어찌나 화장품으로 떡칠을 했는지 원래 피부색이나 생김새가 어떤지에 대해서는 못 알아볼 지경이었다. 또 몸매는 드럼통이나 항아리에 가까웠다.

살이 툭툭 불거져 나온 몸은 언제나 꽉 끼는 드레스를 입고 있었다. 숨을 쉴 때마다 입에서는 시궁창 냄새가 났다.

수정거울은 이 모든 사실을 알고 있었다. 하지만 사실대로 말할 수는 없었다. 만약 사실대로 말했다가는 언제 발로 차여서 박살이 날지 모르기 때문이다.

수정거울은 〈백설공주〉에 나오는 거울을 제일 존경했다. 백설공주에 나오는 거울은 목에 칼이 들어와도 사실대로 말하는 용기가 있지 않은가!

"그럼요, 그렇고말고요."

수정거울은 넉살 좋게 대답했다.

용하다할멈은 기분이 좋아 콧노래를 불렀다. 콧노래라기보다는 귀를 감싸게 만들 정도의 소음에 가까웠다. 쇠톱과 쇠톱이 부딪히는 소리, 유리에 손톱이 긁히는 소리와 비슷했다.

수정거울은 다른 때 같으면 그 소리 때문에 몸부림을 쳤을 것이다. 그러나 오늘은 사정이 다르다. 수정거울은 뭔가 이상한 낌새를 알아챘다.

수정거울은 심각한 표정으로 말했다.

"주인님, 지금 밖에 손님이 오셨습니다."

"손님?"

용하다할멈의 두 눈이 빛났다. 꽤 오랫동안 이곳 근처에 얼씬거리는 인간이 없었다. 아무리 목이 빠져라 기다렸지만 그 누구도 오지 않았다.

용하다할멈은 호들갑스럽게 떠들었다.

"반가운 손님이 오셨구나. 고적대에 연락해서 환영 음악을 연주하게 하라. 꽃가루도 날리고 요리사에게 연락해서 저녁 만찬도 준비하도록 일러라. 거울아, 나 예쁘니? 빨간색 드레스를 입을까? 아니면 검은색 드레스를 입을까?"

수정거울이 혀를 끌끌 찬 후 말했다.

"주인님, 고적대가 어디 있으며 또 요리사는 무엇입니까? 그리고 주인님한테는 지금 입고 있는 드레스 한 벌밖에 없지 않나요?"

용하다할멈은 머쓱해져서 머리를 긁적였다.

"그랬나? 그건 그렇고 누구야? 우리 죽음빌라를 찾아온 손님이?"

그때 문 앞에서 씩씩한 목소리가 우렁차게 들려왔다.

"나, 미미 공주다. 반갑다."

용하다할멈은 화들짝 놀라 소리 나는 쪽을 보았다.

미미 공주가 당당하게 문 앞에 서 있었다.

용하다할멈은 갑자기 기가 팍 죽었다. 늘씬하게 뻗은 다리, 탱탱한 피부, 더구나 윤이 나는 검은 생머리라니!

'저건 인간이 아냐.'

용하다할멈이 마음속으로 중얼거렸다.

미미 공주는 용하다할멈 앞으로 걸어와 손을 내밀었다. 용하다할멈은 엉겁결에 미미 공주의 손을 잡았다.

"용하다할멈이 우리를 도와줘야겠다. 지금 이 나라는 나라가 생긴 이후 가장 큰 어려움에 빠져 있다. 만약 우리나라를 구해 준다면 내 기억을 모두 빼먹어도 좋다."

용하다할멈은 몹시 당황했다. 지금까지 용하다할멈을 보고 무서워하지 않은 사람이 없었다. 모두들 얼굴만 봐도 여름철 독감 든 것처럼 벌벌 떨었는데, 미미 공주는 무서워하기는커녕 오히려 당당했다.

용하다할멈은 당황한 기색을 감추고 호들갑스럽게 말했다.

"오호호. 공주님께서 이 누추한 곳까지 오시다니, 영광이옵니다. 기억을 빼먹다니, 당치도 않으신 말씀이시지요. 이 나라 소식은 저도 수정거울을 통해서 모두 보고 있었사옵니다. 정말 안됐어요. 그래서 저도 요즘은 매일 눈물 속에서 세월을 보내고 있답니다."

용하다할멈은 나오지도 않는 눈물을 억지로 짜냈다.

미미 공주가 걱정스러운 낯빛으로 물었다.

"이 나라를 살릴 좋은 방법이 있겠느냐?"

"아, 있다마다요. 물론 있습니다, 있고요. 근데 그게 좀……."

용하다할멈은 공주의 눈치를 힐끔힐끔 보며 머뭇거렸다.

공주는 두 눈을 크게 뜨고 물었다.

"오! 있느냐? 그게 무엇이냐? 답답하다. 어서 말해 보거라."

"그게 좀 비싸서 말이지요."

용하다할멈이 공주를 힐끔거리며 말했다.

"뭐든지 말하라. 다 들어주겠다."

용하다할멈은 소름 끼치는 눈빛으로 공주를 위아래로 훑어보았다. 공주는 심장이 쿵쾅거렸지만 애써 당당하게 서 있었다. 용하다할멈은 공주 둘레를 한 바퀴 빙 돌며 공주를 샅샅이 훑어본 뒤 말했다.

"공주님의 기억은 필요 없습니다. 대신 그 몸을 저한테 주시지요."

"뭐라고?"

"싫음 관두시고요. 저도 손해 보는 장사는 하기 싫습니다. 다른 데 가서 알아보시든지."

"아, 아니다. 그런데 내 몸은 뭐에다 쓸 작정이냐?"

"솔직히 지금 제 몸도 별로 나쁘지는 않습지요. 공주님도 아시다시피 이 나라에서 이만한 몸매에 이만한 미모를 찾기도 힘들잖아요? 뭐 공주님의 몸이 탐나는 건 아니지만……, 왜 음식도 계속 같은 것만 먹으면 싫증이 나는 법이지요. 제 말 뜻 알아들으시겠어요? 오호호호."

공주는 소름이 끼쳤다. 하지만 다른 생각할 겨를이 없었다. 이곳까지 왔을 때는 그 어떤 일도 받아들이겠다고 이미 마음의 다짐을 한 터였다.

"좋다. 그렇다면 나도 한 가지 조건이 있다."

용하다할멈이 눈을 동그랗게 떴다.

"내 기억은 그대로 두거라. 그래야 그대가 이 나라를 구하는지 알 수 있을 것 아니냐?"

용하다할멈이 기괴한 목소리로 웃었다. 그 웃음소리가 너무나 기괴해서 공주는 차라리 귀를 막고 싶었다. 용하다할멈은 갑자기 차가운 얼굴로 공주 얼굴을 똑바로 쳐다보며 말했다.

"좋습니다. 뭐 원하신다면 제 몸을 가지든지 마음대로 하세요. 어차피 공주님 몸을 갖게 되면 제 몸은 필요도 없을 테니까요."

"그럼, 이제 어떻게 이 나라를 구할 것인지 그 계획부터 말해 보아라."

용하다할멈은 마법의 수정거울에게 명령했다.

"거울아, 수정거울아, 지구에 있는 세 사람을 비춰다오!"

수정거울에 세 명의 지구 어린이가 나타났다. 두 명은 남자애였고 한 명은 여자애였다. 세 명의 아이들은 모두 표정이 어두웠다.

"날 속일 생각은 하지 않는 게 좋아."

공주가 들고 있던 활과 옆에 차고 있던 칼을 보여 주며 말했다. 용하다할멈이 배꼽을 쥐고 웃었다.

"오호호호. 그런 장난감으로 감히 절 상대하겠다니, 공주님의 유머 감각은 초울트라 슈퍼 짱이셔. 제 마법의 힘이 저에게 가르쳐 주었지요. 저 아이들이 이 나라를 살릴 귀인들이라나 뭐라나. 어쨌든지간에 공주님은 여기서 구경만 하세요. 제가 후딱 가서 저 아이들을 데려올 테니까."

공주는 수정거울과 용하다할멈을 번갈아 보며 물었다.

"저 아이들을 데려다 어떻게 할 작정이냐? 또 내 몸은 언제 돌려주겠느냐?"

"오호호호, 으하하하, 우히히히!"

용하다할멈은 정확히 23초 동안 정신없이 웃었다. 그 웃음소리는 마치 짐승 우는 소리처럼 소름 끼쳤다. 미미 공주는 얼굴을 찡그렸다. 웃음을 멈춘 용하다할멈이 갑자기 무서운 얼굴로

말했다.

"잘 들으세요, 공주님. 이곳에 한번 발을 들여놓은 이상, 공주님은 다시는 이 죽음빌라를 나갈 수가 없답니다. 그걸 알고 오셨어야지! 어쨌거나 약속은 약속이니까 제가 저 아이들을 데려다 이 나라를 한번 살려 보지요."

공주는 의심이 가득한 눈빛으로 말했다.

"그대 약속을 어떻게 믿는단 말이냐?"

"흐흐흐, 그런 눈으로 보지 마세요. 저도 이 나라에 살고 있는데 설마 이 나라가 망해 가는 꼴을 두고 보겠어요? 그리고 공주님은 이 수정거울을 통해서 보시면 다 알 거 아니에요! 얘, 수정거울아, 이제부터 일어나는 일을 공주님께 다 보여 주렴."

"예. 분부대로 거행하겠습니다."

수정거울이 공손한 목소리로 대답했다.

미미 공주는 두렵고 무섭고 떨리고 불안했다. 하지만 겉으로는 내색할 수가 없었다. 어쨌거나 지금은 이 나라를 살리는 것이 우선이니까.

"좋다. 그럼 내 몸을 가지고 그대 몸을 내게 다오. 만약 허튼 짓을 했다가는 내가 가만두지 않을 것이다."

공주의 말이 끝나기가 무섭게 용하다할멈이 배꼽을 쥐고 웃어 댔다. 여전히 소름 끼칠 정도로 기괴한 웃음소리였다.

"그래요, 그렇게 하세요. 지금까지 이 죽음빌라에서 도망친

작자는 단 한 명도 없었으니까, 어디 재주 있으면 빠져나가 보시든지요. 어쨌든 공주님은 이제부터 여기서 사세요. 난 궁궐에서 살 테니까. 그럼 나 바빠서 이만, 안녕!"

이렇게 말한 용하다할멈은 입속으로 뭔가 마법의 주문을 걸려다 말고 수정거울을 획 쳐다보았다.

수정거울은 흉측한 몰골의 용하다할멈을 비춰 주었다. 용하다할멈이 수정거울을 노려보며 거울 앞으로 걸어갔다.

"꾸리꾸리깨꼬르르꺄악꺄아악악몽계곡죽음빌라에사는용하다할멈이름으로명하노니너는이제부터말을못한다못한다못하지못하고말고……."

거울에 대고 주문을 외운 용하다할멈은 몸을 획 돌리더니 공주를 향해 또 주문을 외웠다. 공주는 공포에 질린 얼굴로 용하다할멈을 보고 있었다. 주문이 끝나자 순식간에 공주의 몸이 용하다할멈의 몸이 되었다. 또 용하다할멈의 몸은 공주의 몸이 되었다. 용하다할멈이 된 공주는 놀라서 입을 쩍 벌렸다. 공주가 된 용하다할멈은 연기와 함께 재빨리 사라졌다.

다시 이상하게 생긴 통 안.

커다란 드럼통 같기도 하고, 밥솥 같기도 한 곳에 갇혀 있는 세 명은 인내에 한계를 느꼈다. 자영이는 신경질을 있는 대로 부렸고, 민구와 원빈이는 탈출구를 찾기 위해 비좁은 곳을 뒤지고 다녔다.

바로 그때 머리 위에서 뭔가가 요란한 소리를 내며 떨어졌다.

쿵!

그 소리에 세 사람은 심장이 멎을 것처럼 놀랐다.

"아이 씨, 멋지게 등장하려고 했는데 이게 뭐야? 완전히 스타일 구겼네."

아름답게 생긴 소녀였다. 소녀는 일어나더니 엉덩이를 툭툭 털었다.

그 소녀는 다름 아닌 미미 공주였다. 아니, 정확히 말하자면 미미 공주로 변신한 용하다할멈이었다.

공주는 새 깃털이 꽂힌 모자를 쓰고 있었고 악어가죽 장화를 신고 있었다.

아이들은 멍하니 서서 공주를 보았다.

"반갑다. 난 용하다 아니지, 미미 공주다."

아이들 중 누구도 공주가 내민 손을 잡지 않았다. 입을 쩍 벌린 채 멍청히 서 있을 뿐이었다.

"그럼 인사는 얼굴 본 것으로 대신하고 자, 가자."

공주가 말하며 위에서 길게 내려온 끈을 잡아당겼다.

민구가 소리쳤다.

"잠깐!"

공주가 뒤돌아보자 민구가 씩씩거리며 말했다.

"도대체 여기가 어디예요? 당신은 누구죠? 또 이 애들은 다 누군데요? 가긴 어딜 간다는 거냐고요?"

그 말을 듣고 있던 원빈이가 기다렸다는 듯이 따졌다.

"고추 따야 하는데 어딜 간다는 거야?"

자영이도 한마디.

"영어 학원 끝나면 피아노 학원 가야 하는데……."

공주는 한심하다는 얼굴로 아이들을 보았다.

"첫 번째 질문, 여기는 우주선이다. 두 번째 질문, 아까 내 소개는 했으니까 생략. 세 번째 질문, 너희들은 이제부터 지구에서 우리나라를 구하러 가는 구원자들이다. 네 번째 질문, 너희들은 지금 우리나라로 가고 있는 중이다. 이상 끝!"

아이들은 어이가 없었다.

원빈이가 믿을 수 없다는 얼굴로 물었다.

"당신이 누구라고?"

"몇 번을 말해야 알아듣겠느냐! 난 미미 공주다."

자영이가 따지듯이 물었다.

"누가 댁 이름 물어 봤어요? 지금 우리가 왜 여기에 있는 거냐고요?"

공주가 거만한 표정으로 말했다.

"우리나라로 가려면 이걸 타고 가야 하니까, 됐어?"

민구가 가슴을 치며 물었다.

"우릴 당장 보내 줘요, 당장!"

"걱정하지 마라. 일이 다 끝나면 고이 보내 줄 테니."

자영이가 애써 침착한 표정으로 물었다.

"왜 하필 우리죠?"

공주는 세 사람을 번갈아 보더니 장난기 가득한 표정으로 물었다.

"오늘의 퀴즈! 왜 너희들 세 사람일까요?"

세 사람은 어리둥절한 표정으로 서로를 보았다. 전혀 모르는 얼굴이었다. 각자 사는 곳도, 이름도 달랐다. 아무리 공부를 잘하는 자영이도 이 질문에는 쉽게 답을 찾지 못했다.

그러자 공주가 말했다.

"힌트를 주지. 힌트는 바로 너희들 이름이야."

민구가 고개를 갸우뚱거렸다. 세 사람은 서로의 이름을 물었다.

민구, 원빈, 자영 세 사람의 이름이었다. 하지만 이름을 알아도 세 사람은 그 이름에 어떤 힌트가 있는지 전혀 눈치 채지 못했다. 세 사람이 머리를 싸매고 의논을 하고 있는 동안 공주는 답답하다는 듯 자기 가슴을 치며 말했다.

"우선 민구의 구, 원빈이의 원, 자영이의 자, 이 글자들을 하나로 이어 봐, 이 답답이들아!"

자영이가 재빨리 말했다.

"구원자?"

공주가 활짝 웃으며 말했다.

"바로 그거야. 역시 여자는 위대해. 세상에서 제일 잘난 게 바로 여자거든. 맞았어! 너희들 이름을 한 글자씩 조합해 보면 구원자가 되지. 즉, 너희들은 우리나라를 살려 낼 구원자란 말야! 그래서 너희들이 선택된 거야. 이제 알겠니?"

하지만 그건 공주의 계략이었다. 그런 어처구니없는 이유로 세 사람을 이 일에 끌어들인 건 아니었다. 그 계략은 악몽 계곡에 갇혀 있는 진짜 미미 공주도 눈치 챌 수 없었다.

민구, 원빈, 자영이는 어이가 없었다. 세상 살면서 가장 어이없는 순간을 손꼽으라면 세 사람은 동시에 "바로 지금!"이라고 대답했을 것이다.

자영이가 침착한 목소리로 물었다.

"우리를 고이 보내 주겠다는 그 말 진심이에요?"

공주가 건방져 보이는 얼굴로 대답했다.

"우리나라를 위기에서 구해 준다면 곱게 보내 주지. 하지만 우리나라를 살리지 못하면 그땐 모두 까마귀로 만들어 버릴 테니까 그리 알아."

원빈이가 주먹을 불끈 쥐며 대들 듯이 말했다.

"뭐, 뭐라고요? 뭘 만든다고요?"

민구도 공주를 노려보며 말했다.

"당장 우릴 집으로 보내 줘. 안 그러면 가만 안 둘 테다."

그러자 공주가 깔깔 웃으며 말했다.

"그렇게 화내 봤자 소용없어. 벌써 우리나라에 도착했거든."

아이들은 소스라치게 놀랐다. 우주선 뚜껑이 열리고 위에서 긴 사다리가 내려왔다. 공주가 밖으로 나갔다. 그 뒤를 원빈이, 자영이, 민구가 따라 나갔다.

"맙소사!"

주위를 둘러본 아이들은 벌어진 입을 다물지 못했다.

처음 먹는 수제비

광장에는 수많은 사람들이 모여 있었다.

세 사람이 우주선에서 내리자마자 꽃가루가 날리면서 나팔소리가 울렸다. 사람들은 박수를 치고 환호성을 질렀다.

세 사람은 어리둥절한 얼굴로 사람들을 둘러보았다.

"날 따라 오너라. 그대들은 이 나라에 오신 귀한 손님들이니까 이제부터 귀한 대접을 받게 될 것이다."

공주가 지금까지와는 달리 공손한 말투로 말했다. 세 사람은 외양간에 끌려가는 소처럼 억지로 궁궐 안으로 들어갔다.

궁궐 안을 둘러본 세 사람은 역시 놀라 입을 다물지 못했다.

벽과 바닥, 천장이 온통 황금이었다. 바닥에는 황금실로 짠 카펫이 깔려 있었고, 가구는 모두 루비, 사파이어, 다이아몬드

같은 보석들로 장식돼 있었다.

 양옆에 나란히 서 있는 장관들이 입고 있는 옷도 화려하기 짝이 없었다. 가운데 가장 높은 곳에 왕이 앉아 있었다. 왕의 뺨은 잔뜩 부풀어 올라 있었다. 그런데 세 사람이 들어가자 그 뺨에서 슈욱, 소리가 나며 바람이 빠져나갔다.

 세 사람을 내려다보던 왕은 공주를 불렀다.

 "에이, 저 애들이 이 나라를 구해 줄 귀인들이라고?"

 왕은 불만이 가득한 목소리로 물었다.

 "그러하옵니다, 아바마마."

 공주가 대답했다.

 "저렇게 별 볼일 없이 생긴 아이들이 어떻게 우리나라를 구한단 말이더냐?"

 왕은 미심쩍은 얼굴로 세 사람을 힐끔 보더니 말했다.

 "저들을 믿어 주십시오, 아바마마."

 공주가 자신감에 가득 찬 얼굴로 말했다.

 왕은 세 사람에게 한껏 위엄 있는 목소리로 말했다. 하지만 표정은 여전히 떨떠름했다.

 "잘 왔다. 이 나라는 그대들을 환영하노라."

 민구가 소리쳤다.

 "다 필요 없으니 지구로 보내 주세요!"

 원빈이도 소리쳤다.

"이건 유괴예요. 어린이 유괴가 얼마나 큰 죄인지 알아요?"

왕이 버럭 소리를 질렀다.

"조용! 조용히들 하지 못하겠느냐!"

그 소리에 세 사람은 입을 꾹 다물었다.

왕은 조금 누그러진 목소리로 말했다.

"이 나라는 지금 큰 어려움에 빠져 있다. 그대들이 이 나라를 구해 줄 수만 있다면 원하는 건 뭐든 들어줄 것이다. 그러니 돌아간다는 말은 두 번 다시 입에 담지 말라."

말을 마친 왕은 시종들을 거느리고 침실로 가 버렸다.

세 사람은 아무 말도 할 수 없었다.

공주는 세 사람을 숙소로 안내했다. 숙소는 궁궐 바로 옆에 붙어 있는 아담한 집이었다. 파란 지붕에 파란 벽, 파란 창문으로 된 파란 집이었다.

집에는 방이 세 개 있었다. 방에는 아무것도 없고 달랑 침대 하나뿐이었다.

공주가 말했다.

"잘 꾸며 주고 싶지만 무진장기계를 아껴서 사용해야 하니까 너희가 이해하거라."

다음으로 공주는 무진장기계를 보여 주었다. 어마어마하게 큰 기계를 본 세 사람은 입을 다물지 못했다. 높이는 하늘 꼭대기에 닿을 것 같았고, 넓이는 아무리 봐도 한눈에 다 들어오지 않을 만큼 넓었다. 기계 앞에는 끝도 보이지 않게 사람들이 줄을 서서 기다리고 있었다.

"저것이 문제의 그 무진장기계다. 이제 얼마 후면 저 기계가 멈춘다."

민구가 시큰둥한 표정으로 돌아섰다.

"통 뭔 소린지……."

거리 곳곳에는 표어가 붙어 있었다.

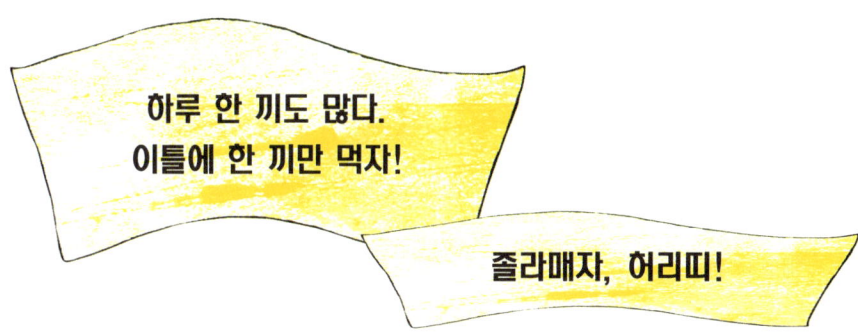

사람들은 허리띠를 얼마나 졸라맸는지 다들 개미허리가 되어 있었다.

공주는 세 사람에게 무진장기계에 대해 설명했다. 무진장기계가 멈추는 날, 이 나라의 운명도 끝난다는 말을 할 때는 눈물까지 찔끔거렸다. 물론 그것은 공주의 연기였다.

세 사람은 이 나라 사람들을 이해할 수 없었다. 이 나라 사람들은 어느 누구도 일을 하지 않았다. 어딜 가든 놀고먹는 사람 뿐이었다. 공장도 없었고, 가게도 없었다.

원빈이가 한마디 했다.

"농사를 지으면 되지 않나요?"

공주가 물었다.

"농사? 그게 무엇이냐?"

민구가 어이가 없다는 듯이 물었다.

"농사도 모른단 말야?"

"모른다."

자영이가 혀를 끌끌 차며 말했다.

"정말 한심한 사람들이군."

그때 원빈이가 들판을 가리키며 말했다.

"잠깐! 저게 뭐야?"

원빈이는 들판 쪽으로 달려갔다. 공주와 자영이, 민구가 그 뒤를 따라갔다.

들판은 온통 황금색이었다. 그렇다고 황금이 쫙 깔려 있는 건 아니다. 황금색의 정체는 바로 밀이었다. 잘 익은 밀이 끝도 보이지 않는 들판에 가득 자라고 있었다.

원빈이가 공주를 보며 말했다.

"이걸로 밀가루를 만들고, 밀가루로 빵을 만들면 굶지는 않을 거 아니에요?"

공주는 그 말을 이해할 수 없다는 듯이 어깨만 으쓱할 뿐이었다.

"아이구, 답답해서 죽겠네. 이렇게 먹을 게 지천으로 깔려 있는데 왜 굶어 죽느냐고요!"

원빈이의 말에 민구가 자기 가슴을 치며 말했다.

"맞아, 진짜 답답한 사람들이야."

원빈이는 뭔가를 곰곰이 생각하더니 공주에게 칼을 달라고 말했다. 공주는 옆에 있는 국방부장관이 차고 있던 칼을 빼 원빈이에게 주었다. 원빈이는 칼로 밀을 베기 시작했다.

원빈이는 한 자루의 밀을 숙소로 가져갔다. 밀을 곱게 빻자 밀가루가 되었다. 이번에는 밀가루로 반죽을 하기 시작했다. 원빈이는 요리 솜씨가 좋았다. 시골에서 할아버지와 살면서 음식은 모두 원빈이가 만들었다. 원빈이가 제일 잘 만드는 음식은 수제비였다. 밀가루를 보자 원빈이는 문득 할아버지와 먹던 수제비 생각이 났다.

　식탁 위에 김이 모락모락 나는 수제비가 차려졌다. 공주는 생전 처음 보는 수제비를 못마땅한 얼굴로 보았다.

　"물에 밀가루 반죽이 둥둥 떠다니는 이것이 무엇이냐?"

　숟가락으로 건더기를 떠서 들여다보던 공주가 숟가락을 다시 내려놓았다.

　세 사람은 수제비를 맛있게 먹었다. 국방부장관도 한 숟가락 먹어 보더니 삽시간에 한 그릇을 다 비웠다. 그제서야 공주가 수제비를 한 숟가락 떠서 먹었다.

　"어머나! 맛이 환상이네."

　공주 역시 게눈 감추듯 수제비 한 그릇을 다 먹어 치웠다.

　세 사람은 수제비를 왕에게로 가져갔다. 왕은 수제비를

한 숟가락 떠서 맛을 보았다. 그러고 나서 왕은 설레는 목소리로 말했다.

"오, 참으로 맛나는 음식이로구나. 여봐라! 지금 백성들에게 알려 밀을 따다 밀가루를 만들라 이르라. 그리고 세 사람은 우리 백성들에게 수제비 만드는 법을 가르쳐 주어라."

사람들은 너도나도 들판으로 나갔다. 사람들은 밀가루로 수제비를 만들어 먹기 시작했다. 이제 사람들은 더 이상 허리띠를 졸라맬 필요가 없었다. 수제비를 실컷 만들어 먹을 수 있었기 때문이다.

원빈이는 벼 이삭을 따서 밥을 지어 먹는 법, 주렁주렁 달린 과일을 따 먹는 법, 물고기를 잡아 구워 먹는 법까지 계속 가르쳤다.

사람들은 신이 나서 배웠다. 하나를 가르쳐 주면 열을 아는 사람들이었다. 배불리 먹을 수만 있다면 사람들은 무엇이든 배우려고 했다.

밤이 되자 세 사람은 파김치가 되었다.
숙소로 돌아온 세 사람은 이 나라에서의 첫날 밤을 맞이했다. 밤도 깊고 몸도 피곤했지만 두고 온 집과 엄마, 아빠, 친구들 생각 때문에 잠이 오지 않았다.

민구는 빨간 압류 딱지가 붙어 있는 가구들을, 자영이는 피아노 학원을, 원빈이는 고추밭을 생각하고 있었다.

세 사람은 서로 사는 곳, 이곳에 끌려오기 전까지 하고 있던 일을 털어놓았다. 그러자 서로가 조금은 친해진 느낌이 들었다.

원빈이가 한숨을 푹 내쉬며 말했다.

"이제 어쩌면 좋지?"

곰곰이 생각에 잠겨 있던 자영이가 조심스럽게 입을 열었다.

"좋아. 일이 이렇게 된 이상 우리가 이 나라 사람들을 도와주자."

"어떻게?"

민구가 두 눈을 동그랗게 뜨고 물었다.

자영이가 민구와 원빈이의 얼굴을 차례차례 훑어보며 말했다.

"내가 오늘 하루 곰곰이 살펴본 결과, 이 나라의 가장 큰 문제점을 발견했어."

"그게 뭔데?"

"여긴 경제가 없다는 거야. 여긴 시장도 돈도 공장도 없어. 무진장기계가 있으니까 다 필요 없었지. 하지만 무진장기계가 멈추면 사정이 달라져. 그래서 이 나라 사람들은 그 상황을 두려워하는 거야. 여기서 우린 경제학 박사보다 똑똑해. 그러니까 이 나라 사람들에게 우리가 알고 있는 경제를 가르쳐 주는 거야. 공장도 짓고 가게도 열고 또 돈도 만드는 거야. 그렇게 되면 무진장기계가 멈춰도 이 나라 사람들이 살아갈 수 있을 거 아니겠니?"

민구가 고개를 끄덕였다.

"좋아! 경제라면 나도 자신 있어. 우리 집이 폭삭 망해 봐서 잘 알아."

원빈이가 의심쩍은 얼굴로 물었다.

"그렇지만 우리가 어떻게 경제를 가르쳐?"

자영이는 자신감에 가득 찬 얼굴로 말했다.

"다행히 내가 경제 교실에서 경제 공부를 좀 했거든! 이 나라 사람들한테 내가 배운 걸 다 가르쳐 줄 거야. 너희들도 최선을 다해 봐. 어차피 이 나라를 살리지 못하면 우린 지구에 돌아갈 수 없어."

자영이 말을 듣고 원빈이가 고개를 끄덕였다.

민구도 고개를 끄덕이며 말했다.

"좋아. 어쨌든 가만히 앉아서 죽는 것보단 어떻게든 해 보는 게 낫지. 나도 도와줄게."

원빈이가 말했다.

"힘 쓰는 거라면 나한테 맡겨."

이렇게 해서 세 사람은 본격적으로 '이름없는 나라 살리기 프로젝트'를 실시하기로 결정했다.

문밖에서는 공주가 문에 귀를 바싹 들이대고 엿듣고 있었다. 공주의 얼굴에 싸늘한 미소가 스치고 지나갔다.

'그래, 열심히 해라. 너희들이 이 나라를 살려 놓으면 그때 가서 이 용하다할멈이 너희들 기억을 한입에 꿀꺽 해 줄 테니! 오호호호.'

궁궐 지하실은 아무도 드나들지 않는 음침한 곳이다. 지하실의 공기는 축축하고, 뭔가가 썩는 냄새가 지독하다. 옛날에는 흉악범들을 가두는 곳이었는데, 지금은 흉악범이 사라져 이곳을 폐쇄시켜 버렸다.

그런데 요즘 밤마다 이 지하실에서는 은밀한 만남이 이루어지고 있었다.

재정부장관과 행복부장관, 국방부장관은 심각한 표정으로 썩어 빠진 의자에 앉아 있었다.

한동안 아무도 입을 열지 않았다. 장관들 얼굴은 이 지하실만큼이나 어둡고 침울했다.

행복부장관이 헛기침을 하며 말했다.

"장차 이 일을 어떡하면 좋겠소? 어디서 굴러먹다 들어온 개뼈다귀 같은 아이들이 이 나라를 살리겠다니, 이게 말이나 됩니까? 우리나라를 통째로 삼킬 게 뻔해요. 어허, 이것 참. 그런 애송이들한테 이 나라의 운명을 맡기다니, 왕이 노망이 나도 단단히 나신 게 분명하오."

국방부장관은 도끼날에 침을 퉤 뱉은 후, 더러운 걸레로 닦

앉다.
재정부장관이 말했다.
"우리 체면이 이게 뭡니까?"
국방부장관이 날카로운 도끼날을 탁자에 탁! 찍으며 말했다.
"이것들을 한꺼번에 저승으로 보내 버립시다."
재정부장관과 행복부장관이 한심하다는 듯 국방부장관을 흘겨보았다. 국방부장관이 슬그머니 도끼를 빼서 탁자 아래로 감췄다.
"어찌 되었든 그 구원자인지 구더기인지가 우리나라를 다스리지 못하게 해야 합니다. 이제부터 작전을 짭시다."
행복부장관의 말에 재정부장관이 눈빛을 빛내며 물었다.
"그래야지요. 자, 우리 모두 머리를 씁시다."
그러자 국방부장관이 탁자에 머리를 들이밀며 말했다.
"자, 내 머리도 써 주시오."
재정부장관과 행복부장관은 어이가 없어 국방부장관을 멀뚱멀뚱 바라보았다.
그때 갑자기 요란한 소리를 내며 문이 열렸다. 세 장관은 깜짝 놀라 고개를 돌렸다.
공주였다!
공주는 얼굴에 음흉한 미소를 지으며 장관들 앞으로 천천히 걸어왔다.

장관들은 벌벌 떨었다. 그러나 머리 좋은 재정부장관이 재빨리 일어나 고개를 숙이며 말했다.

"공주님께서 이곳에는 어인 일로 납시셨습니까?"

공주가 세 장관을 차례차례 훑어보며 물었다.

"여기서 무엇을 하고 있는 것이냐?"

"저희는 그저, 아, 내일 소풍 갈 계획을 세우고 있었습지요. 공주마마."

재정부장관의 말에 공주가 코웃음을 쳤다. 공주는 한쪽 발을 썩어 빠진 의자 위에 척 걸치더니 말했다.

"밖에서 그대들이 하는 얘기 다 들었다. 사실은 나도 걱정이 태산이다. 우리나라를 살릴 귀인들이라고 해서 데리고 오긴 했지만 도대체 지구인들을 믿을 수가 있어야지."

행복부장관이 이때다 싶어, 두 손을 삭삭 비비며 말했다.

"그렇지요? 공주님도 그렇게 생각하시지요?"

공주가 음흉한 얼굴로 장관들을 보며 말했다.

"그래서 말인데, 나한테 아주 좋은 생각이 있다."

장관들이 침을 꼴깍 삼켰다.

"이제부터 그대들은 아바마마 말은 무시하고 내 말을 따르라."

세 장관들은 놀란 얼굴로 공주를 보았다. 이건 반역이다! 장관들의 얼굴이 그렇게 말하고 있었다.

공주가 말했다.

"아바마마는 마음이 너무 약하시다. 또 너무 늙으셨어. 어차피 이 나라는 앞으로 공주인 내가 다스리게 돼 있다. 내 말만 잘 들으면 내가 여왕이 됐을 때 그대들의 은공을 잊지 않을 것이다. 어떠냐? 이래도 내 말대로 하지 않겠느냐?"

장관들은 일제히 고개를 끄덕였다.

국방부장관이 넙죽 절을 하고 나서 말했다.

"공주마마께 충성을 다하겠습니다. 충! 성!"

나머지 장관들도 절을 하며 충성을 맹세했다.

공주의 얼굴에 미소가 지나갔다. 소름 끼치도록 사악한 미소였다.

지폐에는 왕 얼굴을 넣어라

　원빈이는 농촌에서 살던 경험을 살려, 사람들에게 농사짓는 법을 가르쳤다. 그 덕분에 집 창고마다 곡식과 과일, 채소가 넘쳐 났다.
　하지만 문제가 생겼다. 물고기를 잡는 사람 집에는 창고에 가득 찬 물고기가 썩어서 심한 냄새마저 풍겼다. 채소만 있는 사람은 물고기가 먹고 싶었고, 곡식만 있는 사람은 채소가 먹고 싶었다. 하지만 사람들은 어떻게 해야 좋을지 몰라서 발만 동동 굴렀다.
　이 사실을 안 세 사람은 곧바로 왕을 찾아가 말했다.
　"백성들에게 물물교환을 하도록 허락하여 주세요."
　"물물교환? 그것이 무엇인고?"

왕이 머리를 갸웃거리며 물었다.

"서로 자기에게 필요하지 않거나 남는 물건을 꼭 필요한 물건과 바꾸는 것입니다."

"오호! 정말 훌륭한 생각이로구나. 과연 지구에서 온 구원자답도다."

왕은 곧 물물교환을 하라고 명령했다.

사람들은 밀가루로 빵을 만들고, 먹고 남은 빵은 고기나 과일로 바꾸었다. 처음에는 이웃끼리 물건을 바꾸었는데, 점점 더 멀리 사는 사람과도 바꾸게 되었다. 서쪽 끝과 동쪽 끝에 사는 사람은 정 가운데인 궁궐이 있는 광장에서 만났다.

광장에는 물건을 바꾸기 위해 많은 사람들이 모여들었다.

왕은 궁궐 창문에서 광장에 모여 있는 사람들을 내려다보았다. 왕의 얼굴에 흐뭇한 미소가 번졌다.

뒤에서 함께 내려다보던 원빈이가 말했다.

"우리 마을에도 아주 큰 시장이 있어요."

"시장? 그건 또 무엇에 쓰는 물건인고?"

그 말에 원빈이가 키득거렸다. 자영이가 원빈이 옆구리를 쿡 찔렀다.

민구가 한껏 예의를 갖추어 말했다.

"전하, 시장이란 여러 사람들이 각자 물건을 가져와 팔기도 하고 또 서로 필요한 물건을 필요하지 않은 물건과 바꾸는 곳인 줄 아뢰옵니다. 여기 이 나라에도 곳곳에 저런 시장이 열릴 수 있도록 허락하여 주옵소서."

왕은 기분 좋게 고개를 끄덕였다.

"음, 과연 좋은 생각이로다. 헌데 물건을 팔다니? 그게 무슨 말이냐?"

왕의 말에 세 사람은 일제히 한숨을 내쉬었다. 왕에게 하나에서부터 열까지 일일이 가르쳐야 하는 게 답답했다.

그때 광장에서 시끄러운 소리가 들려왔다. 사람들이 싸우는 소리였다. 왕은 시종에게 무슨 일인지 알아보라고 시켰다.

잠시 후 시종이 몇 명의 상인들을 데리고 들어와 아뢰었다.

"전하, 큰일났사옵니다. 시장이 싸움터가 되었사옵니다."

"그것이 무슨 말이냐? 백성들이 왜 싸운단 말이냐?"

시종의 말이 끝나기가 무섭게 상인들이 왕 앞에 머리 숙여 말했다.

"전하! 글쎄, 이 사람이 염소 한 마리하고 빵 한 개하고 바꾸자고 합니다. 이게 말이나 됩니까?"

"전하! 다 찢어진 팬티하고 내 금반지하고 바꾸자고 합니다. 말도 안 됩니다."

"찢어져도 팬티는 팬티잖아!"

"누가 찢어진 팬티 달랬어? 새 팬티 달랬지."

궁궐 안이 금세 시끄러워졌다.

왕은 머리가 돌 지경이었다. 공주가 두 손으로 귀를 틀어막았다.

"그만! 그만!"

왕이 버럭 소리를 질렀다. 그 바람에 모두들 조용해졌다.

왕은 장관들 옆에 서 있는 구원자들을 내려다보았다. 왕의 눈은 '어서 이 어려움을 뚫고 나갈 방법을 알려 달라'고 말하는 듯했다.

눈치 빠른 자영이가 말했다.

"전하, 아무래도 화폐를 만들어야 할 것 같사옵니다."

자영이의 말에 공주와 장관들이 놀라서 두 눈을 동그랗게 뜨며 자영이를 바라보았다. 잠시 뭔가 깊은 생각에 잠겨 있던 자영이가 왕에게 물었다.

"이 나라에서 가장 구하기 힘든 물건이 무엇이옵니까?"

왕은 곰곰이 생각해 보았다. 보석과 보물이라면 궁궐 안에 넘쳐날 듯이 많다. 아무리 생각해도 지금까지 구하기 힘든 물건은 없었다는 생각이 들었다.

왕이 아무 대답도 못하고 있자 옆에 서 있던 공주가 말했다.

"조개껍데기가 가장 귀한 물건입니다, 아바마마."

"아, 맞다. 이 나라에는 바다가 없지. 작년 이웃 별로 놀러 갔다가 바닷가에서 주워 온 조개껍데기가 금고에 가득 있다. 우리 공주가 조개껍데기를 좋아해서 잔뜩 모아다 놓았다. 안 그러냐,

공주?"

왕이 공주를 돌아보며 물었다. 갑작스러운 왕의 물음에 공주가 당황해서 호들갑스럽게 말했다.

"그럼요, 아바마마. 전 이 세상에서 아바마마 빼고 조개껍데기가 제일 좋은걸요. 호호호!"

왕은 고개를 갸우뚱거렸다. 이상하단 말이야, 공주가 저렇게 호들갑스럽지 않았는데! 왕은 공주를 유심히 바라보았다. 그러고 보니 눈빛도 어딘지 모르게 사나웠다. 하지만 더 이상 변한 공주에게 신경 쓸 시간이 없었다. 왕에게는 풀어야 할 문제가 산더미처럼 쌓여 있었다.

왕은 세 사람을 왕의 침실 안에 있는 금고 앞으로 데리고 갔다.

커다란 금고 문이 열렸다. 세 사람은 금고 안으로 들어갔다. 왕의 말대로 조개껍데기가 산처럼 쌓여 있었다. 조개껍데기는 큰 것에서부터 작은 것까지 종류가 다양했다. 또 구하기 쉬운 것도 있었고 구하기 어려운 것도 있었다.

자영이는 조개껍데기 몇 개를 들고 말했다.

"이제부터 이 중에서 제일 큰 것은 빵 열 개와 바꿀 수 있고, 중간 것은 다섯 개, 제일 작은 것은 빵 한 개와 바꿀 수 있습니다. 이렇게 물건 값을 화폐로 정하는 것이옵니다. 그러면 서로 자기가 손해라고 싸우는 일은 없을 것 아니겠습니까?"

왕은 자영이가 하는 말을 도저히 알아들을 수 없었다.

"좀 쉬운 말로 하여라. 도저히 무슨 말인지 알아들을 수가 없도다."

답답한 자영이는 왕에게 말했다.

"지금 곧 시장에서 조개껍데기를 물건 값 대신 사용할 수 있도록 명령을 내려 주십시오."

왕이 호기심 가득한 눈빛으로 물었다.

"조개껍데기를 물건 값 대신 사용한다고? 알 것도 같고 모를 것도 같구나. 어쨌든 좋다. 조개껍데기로 화폐라는 것을 만들 수 있으면 만들어 보도록 하여라."

이렇게 해서 이 나라 최초의 화폐인 '조개껍데기화'가 탄생했다.

사람들은 물물교환을 하는 대신 조개껍데기를 주고 물건을 사고팔기 시작했다. 그러자 싸움도 없어졌다.

이렇게 화폐가 생기자 시장은 점점 더 커졌다. 먼 지방에 있는 사람들까지 도시로 몰려왔다. 화폐는 여러 가지로 쓸모가 있었다. 물건 값뿐 아니라 일을 해 준 대가로 화폐를 내주기도 했다.

왕은 날마다 행복했다. 아무 대책도 없었던 때를 생각하면 이 얼마나 다행인지 안도의 한숨이 절로 나왔다.

그러나 공주는 왕이 세 사람을 믿고 의지하는 것이 눈꼴사나웠다.

공주는 자기 방에 틀어박힌 채 깊은 생각에 잠겼다. 세 사람을 보기 좋게 골탕 먹이고 싶은데 좋은 생각이 떠오르지 않았다.

157초 동안 고민하던 공주는 무릎을 쳤다.

"그래, 바로 그거야!"

공주는 왕의 방으로 갔다. 왕은 낮잠을 자고 있었다. 공주는 왕의 베개 속에 있는 금고 열쇠를 빼냈다. 왕은 아무것도 모르고 코까지 골았다.

공주는 국방부장관을 불러 조용히 말했다.

"지금 당장 금고로 가서 조개껍데기 화폐를 모두 박살 내고 오너라."

"아까운 화폐를 왜 박살 냅니까?"

국방부장관이 영문을 모르겠다는 얼굴로 물었다.

공주는 인상을 쓰며 말했다.

"어쨌든 내가 시키는 대로만 하라니까!"

국방부장관은 다시 충성을 맹세했다.

그날 저녁 공주는 왕을 위해 만찬을 열었다. 만찬은 밤늦게까지 계속되었다. 악단이 음악을 연주했고, 무용수들이 현란한 춤을 추었다. 궁궐 안은 음악 소리로 가득 찼다. 아무도 금고에서 들려오는 소리를 듣지 못했다.

다음 날, 궁궐 안이 발칵 뒤집혔다.

조개껍데기가 모두 가루가 되어 있었던 것이다. 단 한 개도 사용할 수 없을 정도로 부서졌다. 왕은 즉시 세 사람을 불러들였다.

"이 일을 어찌하면 좋단 말인가?"

가루가 된 조개껍데기를 본 세 사람은 어이가 없었다. 공주는 시치미를 떼고 왕 옆에 서 있었다.

자영이가 물었다.

"궁궐 창고에 금이 얼마나 있죠?"

왕은 억지로 눈물을 참으며 물었다.

"금 말이냐? 금은 무엇에 쓰려고?"

자영이는 화폐의 발전 과정에 대해서 설명했다.

"화폐는 여러 단계를 거쳐서 발전했습니다. 처음에는 직물이나 곡물, 농기구 등 사용할 수 있는 모든 물건이 화폐가 되었지요. 이것을 물품 화폐라고 한답니다. 하지만 물품 화폐는 이동

할 때나 보관할 때 등 불편한 점이 한두 가지가 아니었어요. 그래서 생긴 것이 금속 화폐입니다. 금속 화폐는 금이나 은, 동으로 만들었는데, 보관이나 가지고 다니기에 편했거든요. 하지만 이 금속 화폐는 사용할 때마다 일일이 저울로 무게를 재야 하는 불편이 있었습니다. 또 큰 금액일 때는 많은 돈을 들고 다니는 것도 불편했고요. 그래서 등장한 것이 은행에서 발행하는 지폐나 주화랍니다. 지폐나 주화는 일정 금액을 적어 넣어 사용했기 때문에 많은 금액도 쉽게 가지고 다닐 수 있었지요."

자영이의 설명을 들은 왕이 난처한 얼굴로 말했다.

"그런데 큰일이구나. 우리나라에는 금이 나지 않아. 이 궁궐 장식에 쓰인 금과 내 장신구를 만든 금도 모두 이웃 별에서 선물로 준 것이다."

민구가 불만이 가득한 목소리로 소리쳤다.

"도대체 이 나라에서는 나는 게 뭐가 있어요?"

그때 갑자기 공주가 손뼉을 치며 호들갑스럽게 말했다.

"아바마마. 여기 궁궐 벽에 있는 금을 다 뜯어 내면 되잖아요."

모두들 어이가 없다는 표정으로 공주를 보았다. 공주가 머쓱해져서 혀를 쏙 내밀었다.

잠시 후 왕이 작은 눈을 반짝이며 말했다.

"우리도 지폐나 주화를 만들면 어떻겠느냐?"

세 사람은 또다시 동시에 한숨을 내쉬었다.

자영이가 고개를 저으며 말했다.

"사실 지구에서는 물물교환에서 지폐로 넘어가는 기간이 2천 년이 넘었어요. 그런데 전하께서는 그 과정을 단번에 건너뛰겠단 말씀이세요?"

"바쁜데 그럼 어떡하느냐? 어디, 그대들 중에 누가 그 지폐인가 뭔가 가지고 있는 사람 없느냐?"

민구와 원빈이는 서로 자기 주머니를 뒤져 보았다. 자영이도 마지못해 주머니를 뒤졌다.

자영이와 민구는 주머니에서 먼지만 털어 냈다. 그런데 원빈이가 주머니에서 돈을 잔뜩 꺼내 놓았다. 만 원짜리 한 장, 1000원짜리 한 장과 500원짜리, 100원짜리, 10원짜리 동전이 한주먹이었다.

놀란 왕이 친히 원빈이가 있는 쪽으로 다가왔다. 자영이와 민구도 놀라서 원빈이를 보았다.

갑자기 원빈이의 얼굴이 어두워졌다.

"할아버지가 일 도와줬다고 맛있는 거 사 먹으라고 준 돈인데……. 한 푼도 안 쓰고 할아버지 신발 사 드리려고 모아 두었는데……."

할아버지는 지금쯤 어떻게 지내시고 계실까?

민구와 자영이도 한국 돈을 보는 순간, 두고 온 가족과 집 생각이 났다.

왕은 만 원짜리 지폐에 그려진 세종대왕을 가리키며 물었다.

"그런데 이 할아범은 누구냐?"

자영이가 뾰로통한 얼굴로 말했다.

"이 분은 우리나라, 대한민국의 세종대왕이에요. 한글도 만들었고 측우기도 만드신 위대한 왕이라고요."

왕이 고개를 끄덕였다. 왕은 100원짜리 동전에 새겨진 이순신 장군을 가리키며 물었다.

"그래, 훌륭한 일을 많이 했구나. 나도 세종대왕 같은 훌륭한 왕이 되어야 할 텐데……. 그건 그렇고 이 할아범은 또 누구냐?"

원빈이가 돈을 뒤로 감추며 말했다.

"자꾸 할아범, 할아범 하지 마세요. 이 분은 내가 제일 존경하는 이순신 장군이란 말이에요."

왕이 고개를 갸우뚱거리며 말했다.

"그런데 참 이상하구나. 왜 돈에 할아범들을 그려 넣는 것이냐."

민구가 말했다.

"화폐는 그 나라의 얼굴이에요. 역사적으로나 문화적으로 그 나라를 대표할 수 있는 인물이나 상징물을 그려 넣는 거라고요. 훌륭한 인물을 널리 알리고 또 변조를 못하게 하기 위해서예요.

우리나라뿐 아니라 세계 여러 나라에서는 돈에 인물이나 상징물을 그려 넣어요."

민구의 말을 조용히 듣고 있던 왕이 물었다.

"지금 변조라고 했느냐? 그럼 돈은 누가 만들며, 또 누가 변조를 한단 말이냐?"

이번에는 자영이가 대답했다.

"대한민국에서 돈은 한국은행이 명령을 내리고 조폐공사라는 곳에서 찍어 내요. 그러니까 아무나 돈을 만들어 낼 수 없는 거예요. 만약 누군가 가짜로 돈을 만들어 내면 위조지폐범으로 몰려서 무거운 벌을 받게 된답니다. 대한민국 지폐의 초상화에는 세종대왕뿐 아니라 이순신, 이이, 이황 등의 얼굴이 그려져 있어요. 또 자세히 보시면 수염이 아주 많이 그려져 있는데요, 그것도 변조를 막기 위해서예요."

왕이 다시 자기 자리로 올라가 앉으며 말했다.

"좋다, 좋아! 그럼 이 나라에도 지폐와 주화를 만들어야겠다. 그리고 지폐에는 내 얼굴을 그려 넣도록 해라."

세 사람은 해야 할 일이 태산이었다. 우선 돈을 발행하는 중앙은행을 만들어야 했다. 그 중앙은행 이름은 세 사람의 이름을 따서 '구원자은행'으로 정했다. 그리고 화폐 단위는 한국 이름을 따서 '원'이라고 정했다.

사실 화폐 단위를 정할 때도 세 사람은 왕을 이해시키는 것이 힘들었다.

세 사람은 지구에서는 미국은 달러, 중국은 위안, 일본은 엔, 한국은 원, 영국은 파운드, 유럽연합은 유로 등 각 나라마다 화폐 단위가 다르다고 설명했다.

왕은 왜 화폐 단위가 각 나라마다 다른지 이해하지 못했다. 하지만 세 사람은 차근차근 설명했다.

각 나라마다 화폐 단위가 다른 이유에는 여러 가지가 있다. 세계 여러 나라는 서로 다른 언어를 사용하고, 문화와 경제 수준이 다르다. 각자 자기네 나라에 맞는 화폐를 만들어 사용하는 것이다.

또 각 나라 돈의 비율을 '환율'이라고 한다.

다른 나라와 무역을 할 때는 세계 많은 나라에서 공통으로 사용하는 화폐가 필요했다. 지구에서는 이 화폐를 미국 화폐인 달러나 유럽연합이 사용하는 유로화 등 몇 가지로 하기로 결정했다. 이것을 '공용화'라고 한다.

만약 한국이 미국과 무역을 하기 위해서는 한국 화폐를 미국 화폐로 바꿔야 한다. 이때 바꾸는 비율, 즉 환율에 의해서 돈을 바꾼다. 환율은 하루에도 몇 번씩 바뀐다. 경제 사정이 시시각각 변하기 때문이다.

이 나라의 화폐는 한국처럼 1원, 5원, 10원, 50원, 100원, 500

원짜리 동전과 1000원, 5000원, 만 원짜리 지폐를 발행하기로 했다.

만 원짜리 지폐에는 왕의 초상화를 넣기로 했다. 그리고 5000원짜리에는 이 나라를 상징하는 무진장기계를 넣기로 했다. 문제는 1000원짜리 지폐였다.

이 사실을 안 공주는 왕에게 눈물을 흘리며 말했다.

"아바마마, 섭섭하옵니다. 저는 이 나라에 하나뿐인 공주입니다. 아바마마의 뒤를 이어 이 나라를 통치할 후계자입니다. 그렇다면 제 얼굴을 1000원짜리 지폐에 넣어 주셔야죠."

왕은 허허, 웃으며 말했다.

"공주야. 울지 말거라. 그렇잖아도 네 얼굴도 지폐에 넣으려고 했느니라. 우리 사랑스러운 공주 얼굴을 안 넣으면 누구 얼굴을 넣는단 말인고?"

공주는 언제 울었냐는 듯이 활짝 웃었다.

"정말이옵니까, 아바마마?"

왕이 고개를 끄덕였다. 공주는 뛸 듯이 기뻐하며 왕에게 가서 덥석 안겼다.

드디어 이 나라 최초의 화폐가 등장했다. 세 사람은 물론 많은 사람들이 깜짝 놀랐다. 1000원짜리 지폐에 보란 듯이 공주 얼굴이 그려져 있었던 것이다.

자기 얼굴이 그려진 지폐를 본 공주는 환호성을 질렀다. 그러

나 아무리 용한 용하다할멈이라 하더라도 그 지폐 때문에 자신의 운명이 뒤바뀌리라는 사실을 이때는 전혀 눈치 채지 못했다.

한편, 밤만 되면 지하실에서는 은밀한 작업이 이루어지고 있었다. 지하실 벽에 커다란 구멍을 뚫고 쇠로 만든 단단한 금고를 집어넣는 작업이었다.

이 금고는 공주의 개인 금고였다. 아무도 그 금고가 왜 만들어지는지, 무엇을 보관하기 위해 만들어지는지 알지 못했다. 그 비밀은 오직 공주만 알고 있었다.

공주는 음흉한 미소를 지으며 일꾼들에게 말했다.

"자, 빨리 일해라. 세상에서 가장 튼튼한 금고를 만들어라. 세상에서 가장 많은 돈과 보물이 들어갈 수 있는 가장 큰 금고를 만들어야 한다."

은행은 돈 도둑?

무진장기계 앞은 썰렁해졌다. 하지만 시장은 점점 더 북적거렸다. 많은 사람들이 시장으로 몰려들었다.

왕은 마음이 흐뭇했다.

이제야말로 뭔가 숨통이 트이는 기분이었다. 정말이지, 비밀문서를 처음 열어 봤을 때는 눈앞이 깜깜해지고 숨통이 꽉 막혀 버리는 것 같았는데 말이다.

오늘 왕은 시장을 둘러보고 있었다. 그런데 과일 가게 앞에서 가게 주인이 땅을 치며 엉엉 우는 장면을 보게 되었다. 왕은 시종을 시켜 과일 가게 주인이 왜 우는지 알아보게 했다.

"과일 가게 주인이 어제 돈 100만 원을 벌었답니다."

"그래? 그것 참 기쁜 소식이구나. 그런데 왜 우는고?"

"그런데 오늘 그 100만 원을 잃어버렸다고 합니다."

"뭐라고? 잘 보관하지 않고. 이런, 쯧쯧쯧!"

그러나 그로부터 한 시간 동안 왕은 무려 스물다섯 번이나 똑같은 보고를 받았다. 길에서 잃어버린 상인도 있었고, 도둑이 훔쳐 가서 잃어버린 상인도 있었다.

왕은 도둑을 잡아들이라고 궁궐 근위대에 명령했다.

'이 일을 어쩌면 좋단 말인가? 돈이 없을 때는 좋았는데 있으니까 보관하는 게 문제로구나.'

왕은 새로운 고민을 안고 궁궐로 돌아왔다.

도둑은 쉽게 잡히지 않았다. 아무리 생각해도 좋은 방법이 떠오르지 않았다. 이대로 있다가는 이 나라 전체가 도둑 소굴이 될지도 모르는 일이었다.

왕은 세 사람을 궁궐로 불러들였다.

언제 봐도 마음 든든한 세 사람이 왕 앞에 대령했다.

왕은 어렵게 시장에서 본 광경을 얘기했다.

"힘들게 번 돈을 잃어버리다니, 이렇게 원통한 일을 어쩌면 좋단 말인가?"

왕은 한숨을 푹 내쉬었다.

민구가 두 눈을 빛내며 말했다.

"돈을 맡아 주는 은행을 만들면 간단히 해결됩니다, 전하."

"은행이라면 구원자은행이 있지 않느냐?"

원빈이가 자기 가슴을 치며 말했다.

"왕전하님! 구원자은행은 화폐를 찍어 내는 중앙은행입니다. 민구가 말하는 은행은 백성들 돈을 맡아 주고, 또 빌려 주는 보통 은행이지요."

"참으로 답답하구나. 어떻게 자기 돈을 은행에 맡기느냐 말이다. 또 은행에 불이 나면 어떡하느냐? 또 은행에 도둑이 들어 다 훔쳐 가면 어떻게 할 것이냐? 과연 우리 백성들이 안심하고 은행에 돈을 맡길 수 있단 말이냐?"

은행에 대해서라면 누구보다 민구가 많이 알고 있었다.

민구는 은행에 대해 설명하기 시작했다.

"은행은 돈이 있는 사람에게 돈을 맡아서 돈이 필요한 사람에게 빌려 주는 곳이에요. 돈을 빌려 간 사람에게 이자를 받고, 또 돈을 맡긴 사람에게는 이자를 주거든요. 이자는 돈을 맡아 두거나 빌려 준 대가라고 생각하시면 돼요. 이때 은행은 돈을 맡긴 사람보다 돈을 빌려 간 사람에게 더 많은 이자를 받아요. 은행도 먹고 살아야 하니까요. 그래서 돈을 맡긴 사람에게 준 이자를 빼고 나머지 돈을 이익으로 남기는 거예요. 은행은 돈을 맡아 주거나 빌려 주는 일 말고도 많은 일을 해요. 세금이나 지로 대금도 받고 또 주식이나 채권에 투자해서 수입을 올리기도 하고요. 가게에서 상품을 팔 듯, 은행에서도 상품을 팔아요. 은행에서 파는 상품은 각종 예금과 적금 등이에요. 저는 보통예금을

이용하고 있어요. 보통예금은 마음대로 돈을 찾거나 예금할 수 있는 상품으로 이자가 가장 적은 예금이지요."

민구의 설명을 들은 왕은 펄쩍 뛸 만큼 기뻐했다.

"지금 당장 전국에 보통 은행을 설립하도록 하라."

장관들은 발 빠르게 움직였다. 곧 전국에 은행이 설립되었다.

은행이 생겼지만 이번에는 전혀 예상하지 못했던 일이 일어났다. 사람들이 은행을 이용하지 않았던 것이다. 은행 안은 텅 텅 비었고, 은행 앞에는 파리만 날아다녔다.

왕은 또 걱정이 쌓였다.

"아무래도 내가 너무 오래 살았나 보구나. 근심걱정이 끝이 없도다. 왜 이렇게 은행에 사람이 없는 것이냐?"

세 사람도 그 이유를 알 수가 없었다. 그래서 세 사람이 직접 나서서 알아보기로 했다.

세 사람은 밖으로 나갔다. 각자 나뉘어 시장, 학교 등 사람이 많이 모이는 곳을 돌아다녔다.

민구가 간 곳은 학교였다.

공부를 끝낸 학생들이 우르르 교문 밖으로 몰려나왔다. 아이들은 학교 앞 가게에서 과자와 아이스크림을 사 먹었다. 오락실에 가서 오락을 하는 아이도 있었고, 장난감 가게를 기웃거리는 아이도 있었다.

사람들이 돈을 벌게 되자 돈 씀씀이도 늘어났다. 부모들은 아이들에게 용돈을 풍족히 주었다. 대부분의 아이들은 아침에 받은 용돈을 저녁에는 한 푼도 남기지 않고 다 써 버렸다.

이 나라 아이들은 돈 쓰는 재미에 길들여지고 있었다. 돈맛을 안 것이다.

어른들도 마찬가지였다. 사람들은 돈을 버는 대로 즉시 다 써 버렸다. 맛있는 음식을 사 먹는 데, 좋은 옷을 사는 데 돈을 아끼지 않았다.

민구는 사람들을 보며 깊은 생각에 잠겼다.

'이래서는 안 돼. 이 사람들에게 내 경험을 들려줘야겠어.'

민구는 숙소로 돌아오자마자 가방 안을 뒤졌다. 이곳에 올 때 가지고 온 가방이었다. 민구는 평소 가방에 용돈기입장과 은행 통장을 가지고 다녔다. 다행히 가방 속에 그것들이 고스란히 들어 있었다.

민구는 용돈기입장을 꺼냈다. 2년 전부터 줄까지 쳐 가며 또박또박 써 온 용돈기입장이었다.

이번에는 예금통장을 펼쳐 보았다. 통장에는 정확히 '5,243,780'이라는 숫자가 찍혀 있었다.

예금을 보자 지난날이 영화의 한 장면처럼 떠올랐다.

어느 날 아빠가 저금통 하나를 사다 주었다. 빨갛고 큰 돼지 저금통이었다.

유치원에 다니던 민구는 동전만 생기면 저금통 앞으로 달려갔다. 그런 민구를 아빠, 엄마는 귀여워해 주었다. 민구는 아빠, 엄마의 귀여움을 받는 게 좋아서 더 열심히 동전을 저금통에 넣었다. 심지어는 집 안에 굴러다니는 동전이 있으면 모조리 저금통에 넣었을 정도였다.

돼지 배가 점점 불러왔다. 민구는 신기했다. 돼지 배가 다 찼을 때, 엄마는 돼지를 잡아 민구 이름으로 통장을 만들어 주었다. 맨 처음 통장에 찍힌 돈은 '52,670원'이었다. 모두 민구 돈이었다.

대한민국은 금융실명제를 실시한다. 금융실명제란 본인 이름으로만 은행 거래를 하는 제도를 말한다. 가짜 이름이나 별명으로는 은행 거래를 할 수 없다. 또 미성년자나 어린이는 보호자의 확인이 있어야 은행 거래를 할 수 있다. 민구도 처음 예금통장을 만들 때 엄마와 함께 가서 만들었다.

예금통장이 생기자 신이 났다. 자신감도 생겼다. 저금을 하면서 개미의 심정을 알 것 같았다. 차곡차곡 모으는 재미 말이다.

그때부터 민구는 세뱃돈을 받거나 용돈을 받으면 그 즉시 은행으로 달려갔다. 은행에 갈 때마다 예금통장의 줄이 하나씩 늘어났다. 너무 줄이 많아서 새 통장을 자꾸만 만들어야 했다.

민구는 처음 예금을 시작할 때 이렇게 결심했다.

'한번 은행에 저금한 돈은 찾지 않겠어.'

아빠가 돈 때문에 어려움을 겪고 있을 때 마음이 흔들리기도 했다. 그 돈을 아빠한테 주고 싶었다. 그러면 아빠에게 조금이라도 도움이 되었을 텐데…….

하지만 민구에게는 다른 생각이 있었다. 만약 길거리에 나앉게 된다면 민구 돈으로 작은 월세방 하나를 얻을 생각이었다. 민구는 돈은 모으는 것도 중요하지만, 쓰는 것도 모으는 것처럼 중요하다는 사실을 알고 있었다.

용돈을 아껴서 저금하는 것은 생각만큼 돈이 많이 늘지 않았다. 4학년이 되자 민구는 돈을 벌어야겠다고 생각했다.

여러 가지 생각을 하던 민구는 우선 안 쓰는 물건을 팔기로 했다.

집 안을 뒤져 보니 쓸 만한 물건들이 꽤 나왔다. 싫증 나서 내팽개쳐 둔 삼단 합체 로봇, 한때는 열심히 모았던 그림 카드들, 취미로 모았던 모형 자동차들, 다 읽고 난 동화책, 이젠 작아져서 신지 못하는 신발 등. 팔 수 있는 물건들이 쉴 새 없이 나왔다.

민구는 '민구네 만물상'이라는 이름도 지었다. 비록 점포도 없고 종업원도 없었지만 민구는 부지런히 친구들에게 자신의 생각을 알렸다. 하지만 아무도 '민구네 만물상'을 거들떠보지 않았다. 아이들은 쓰다 만 헌 물건보다 새 물건을 좋아했다. 어쩌다 민구에게 헌 운동화를 사 간 친구는 엄마한테 혼났다면서

도로 물러 달라고 했다.

하지만 물건이 팔리지 않아도 민구는 포기하지 않았다. 아이들이 좋아할 물건이 뭔지 궁리한 끝에 한참 인기를 끌던 카드를 내놓았다. 민구가 가장 아끼던 '디지몬' 카드였다.

카드를 내놓자 순식간에 팔렸다. 너도나도 카드를 사겠다고 했다. 민구는 이번에는 카드 대신 다른 물건들을 내놓았다. 뜻밖에도 다른 물건들도 잘 팔렸다.

물건 판 돈은 모두 은행에 저금했다. 돈이 조금씩 많아지자 이자가 붙었다. 생각지도 않던 돈이 이자로 붙자 민구는 더 신이 났다.

그렇다고 민구가 돈을 모을 줄만 알고 쓸 줄 모르는 건 아니었다. 불우이웃돕기나 수해를 입은 이재민에게 성금을 낼 때는 기분 좋게 냈다.

민구는 학교에서 '모범 어린이 상'이나 '저축왕 상' 같은 상을 수도 없이 받았다. 아이들을 위해 '돈 모으는 법', '저축 비법' 같은 내용을 강연하러 다니기도 했다.

왕은 모든 국민들에게 민구로부터 경제 교육을 받으라고 명령했다. 이 나라의 가장 큰 강당에 사람들이 모였다. 하지만 사람들 반응은 시큰둥했다.

민구는 앞자리에 서서 말했다.

"돈을 모으기 전에 생각해야 할 게 있습니다. 내가 왜 돈을 모아야 하는지, 그 이유를 생각해 보는 겁니다."

사람들이 서로 얼굴을 마주 보며 수군거렸다. 떠드는 사람도 있었고, 조는 사람도 있었다.

누군가가 손을 번쩍 들고 말했다.

"돈을 왜 모아야 합니까? 어차피 돈은 쓰라고 있는 거 아닙니까?"

민구가 빙긋 웃으며 고개를 끄덕였다.

"예, 맞습니다. 돈은 쓰라고 있는 것입니다. 하지만 돈을 함부로 다 쓰고 나면 아무리 쓰고 싶어도 쓸 수 없습니다. 돈을 잘 쓰려면 잘 관리하는 것도 중요합니다."

민구는 용돈기입장과 저금통장을 보여 주었다.

"이것들은 제가 한국에 있을 때 사용하던 용돈기입장과 저금통장입니다. 저는 단 한 푼도 돈을 함부로 쓰지 않았습니다. 단돈 10원이라도 쓰게 되면 꼭 용돈기입장에 적었어요."

민구의 용돈기입장을 본 맨 앞자리에 앉아 있던 사람이 물었다.

"꼭 이런 걸 써야 합니까?"

민구가 사람들을 둘러보며 확신에 찬 목소리로 말했다.

"물론 쓰지 않아도 돼요. 하지만 제가 용돈기입장을 쓰면서 보니 좋은 점이 한두 가지가 아니었어요. 우선 쓸데없는 곳에 돈을 쓰지 않는다는 점이지요. 가령, 피시방을 하루에 한 번씩 갔다고 해 보세요. 한 달 동안의 비용을 계산하면 큰돈이 게임비로 빠져나간다는 걸 알 수 있지요. 그럼 나중에 '아, 게임비를 줄여야겠다', 이렇게 생각하고 쓸데없는 데에 돈을 쓰지 않게 돼요. 또 돈을 아껴 쓴다는 점도 있어요. 전 용돈기입장을 쓰지 않았을 때는 받은 용돈을 하루에 다 써 버린 적도 있었지요. 하지만 용돈기입장을 쓰면서 돈을 쪼개서 쓰는 방법을 터득했어요. 그러다 보니 돈이 남더라고요. 이 밖에도 여러 가지 좋은 점이 있어요. 그건 여러분이 용돈기입장을 써 보면 알 거예요."

사람들은 점점 민구의 말에 귀를 기울였다. 몇몇 사람은 고개를 끄덕이기도 했다. 하지만 아직도 대부분의 사람들은 이해할 수 없다는 표정이었다.

중간에 앉아 있던 한 어린이가 물었.

"매일매일 쓰는 건 너무 지겨울 거 같아요."

민구가 빙긋 웃으며 물었다.

"여러분은 밥 먹는 걸 지겹다고 생각한 적이 있나요?"

사람들이 서로 얼굴을 마주 보며 수군거렸다. 민구가 사람들을 둘러보며 말했다.

"식사 때가 되면 밥을 먹는 건 당연하지요? 용돈기입장을 쓰는 것도 마찬가지예요. 계속 쓰다 보면 어느 순간에는 밥 먹는 것처럼 익숙해질 거예요. 저도 처음에는 용돈기입장을 쓰는 게 지겨웠어요. 하지만 그 지겨운 과정을 지나 보세요. 오히려 쓰지 않는 게 지겨워질 테니까요. 무슨 일이든 습관을 들이면 하나도 힘들지 않고 지겹지도 않습니다. 때가 되면 밥을 먹듯 하루 일과가 끝나면 용도기입장을 쓰는 것도 아무렇지도 않을 거예요."

강의가 끝나자 사람들은 예의상 박수를 쳐 주었다.

그런데 집으로 돌아간 사람들은 이상한 현상에 시달렸다. 들을 때는 시큰둥하게 듣던 민구의 강의가 자꾸 떠올랐던 것이다. 사람들의 머릿속에서는 민구가 했던 말 한 마디 한 마디가 새록새록 생각났다. 특히 돈을 쓸 때 민구의 말이 떠올랐고, 그때마다 지갑을 닫았다.

그 소문이 퍼지자 민구의 강의는 날로 인기를 더해 갔다. 많은 사람들이 먼저 강의를 듣기 위해 새벽부터 강의실 앞에 나와 줄을 서서 기다릴 정도였다.

민구는 자신의 경험을 알기 쉽게 설명해 주었다. 그제서야 아이들은 자신이 돈을 함부로 썼다는 사실을 깨닫게 되었다. 또 부모들은 아이들에게 돈을 너무 많이 또 계획성 없이 주었다는 사실을 알게 되었다.

왕은 이 나라의 모든 아이들이 되도록 용돈기입장을 썼으면 좋겠다고 발표했다. 또 '저축왕'을 뽑겠다고 했다.

얼마 지나지 않아 텅텅 비었던 은행으로 사람들이 하나둘 모여들기 시작했다. 어른 손을 잡고 은행에 와서 통장을 만드는 어린이들도 늘어났다.

상인들은 시장에서 번 돈을 은행에 저금했다. 또 돈이 필요한 사람은 은행에 이자를 내고 돈을 빌려 갔다.

은행이 생기자 시장도 점점 커졌다. 장사를 해서 돈을 많이 버는 사람도 생겼다. 지방에서 도시로 올라오는 상인들은 도시에서 돈을 입금한 뒤, 지방에 내려가서 은행 지점을 통해 돈을 찾았다. 그 덕분에 상인들은 돈을 도둑맞을 걱정도, 잃어버릴 걱정도 덜 수 있었다.

은행에 돈이 쌓이기 시작하자 왕은 마음이 흐뭇했다. 그러나 공주는 그렇지가 못했다.

'다른 사람의 행복은 곧 나의 불행'이라는 게 공주, 아니 용하다할멈의 철학이었다.

'그래, 이제 드디어 행동을 할 때가 온 거야!'

공주는 음흉한 미소를 지었다.

왕의 식사는 열다섯 명의 특급 요리사가 준비했다. 하루에 열두 끼를 먹는 왕을 위해 궁궐 주방은 항상 바빴다.

요리사들은 왕이 하루 식사할 재료들을 전날 저녁에 준비해 두었다. 왕이 새벽에 아침을 먹었기 때문에 미리 준비해 두지 않으면 안 되었다.

공주는 아무도 없는 주방에 몰래 숨어들었다. 주방을 지키는 호위 병사는 꾸벅꾸벅 졸고 있었다. 공주는 호위 병사에게 주문을 걸어 잠이 들도록 했다.

공주는 밤마다 아무도 몰래 왕의 밥에 마법의 약을 넣었다.

'흐흐흐. 이 마법의 약을 한 달만 먹으면 몸은 하루에 1년씩 늙어 가지. 몸은 꼬부랑 할아버지가 되고 정신은 점점 희미해져서 나중에는 살아 있는 시체가 된다, 이 말씀이야.'

공주의 기괴한 웃음소리가 주방 안에 가득 찼다. 어디선가 놀란 쥐새끼가 찍찍 소리를 내며 달아났다.

캡싸다 마트 대소동

오늘따라 왕은 기분이 좋았다.

왕은 얼굴 가득 함박웃음을 지으며 세 사람을 맞이했다. 왕 옆에는 언제나 그렇듯 공주가 새침한 얼굴로 앉아 있었다.

왕이 밝은 목소리로 말했다.

"오늘 그대들을 부른 것은 소원을 들어주기 위해서이다. 자, 각자의 소원을 말해 보아라."

세 사람은 영문을 몰라 서로 멀뚱멀뚱 바라보았다.

공주가 말했다.

"아바마마께서 소원을 들어주신다고 하질 않느냐? 사양하지 말고 어서 말해 보아라."

그러자 원빈이가 왕의 눈치를 살피며 말했다.

"사실, 말해도 소용없다는 거 압니다. 하지만 말하라고 하니 하겠습니다. 전 맛있는 라면이 먹고 싶어요. 면을 다 먹고 남은 국물에 찬밥을 말아 먹으면 캬, 그 맛이 죽이는 라면이죠."

"맛있는 라면? 죽이는 라면? 내가 새라면, 바다가 육지라면이라는 말은 들어 봤어도 맛있는 라면이나 죽이는 라면이란 말은 처음 듣는구나. 그게 먹는 거냐? 맛있느냐?"

왕이 물었다.

원빈이는 설명하기를 포기했다.

민구는 컴퓨터가 필요했다.

"컴퓨터 게임을 못 하니까 좀이 쑤셔요."

자영이는 인라인 스케이트를 갖고 싶었다.

"다른 애들 타는 게 부러워 보였어요. 저도 꼭 타 보고 싶었거든요."

왕은 머리가 어지러웠다. 괜한 말을 꺼냈나 싶기도 했다. 도대체 라면, 컴퓨터, 인라인 스케이트, 이런 것들이 다 무엇이란 말인가?

'어허, 꼬마들이 왜 저렇게 눈치가 없단 말인가? 이 나라에 있는 걸 말하면 좀 좋아?'

왕의 두통이 시작됐다. 시종이 재빨리 왕의 머리에 하얀 띠를 졸라맸다.

"그것들이 다 무엇이냐?"

세 사람은 일제히 라면과 컴퓨터, 인라인 스케이트에 대해서 설명하기 시작했다. 그러나 왕의 귀에는 시끄럽게 떠드는 소리로만 들렸다.

왕이 손을 내저으며 소리쳤다.

"그만, 그만 됐다. 어쨌든 너희들이 원하는 것들은 지금 이 나라에는 하나도 없다. 그러니 어쩌겠느냐?"

자영이가 늘 그렇듯 자신만만한 목소리로 말했다.

"전하, 공장을 만들어서 생산하면 됩니다."

"공장을?"

왕이 눈을 크게 뜨며 물었다.

자영이가 신이 나서 말했다.

"솔직히 우리 대한민국에서는 대부분의 물건들을 공장에서 만들어 쓰고 있어요. 그 물건들은 가게에서 팔고 있고요. 아참, 이참에 대형 마트도 만드는 것이 어떨까요?"

이야기를 다 듣고 난 왕이 자신의 무릎을 탁 치며 말했다.

"오! 그대들은 진정 위대하도다. 지금부터 라면 공장, 컴퓨터 공장, 인라인 스케이트 공장을 짓도록 하여라. 또 거 뭐냐, 대형 마트? 뭔지는 모르지만 그것들도 짓도록 하여라."

잠자코 있던 공주가 애교 섞인 목소리로 말했다.

"아바마마. 저도 필요한 게 있사와요."

왕이 사랑 가득한 눈길로 공주를 바라보며 물었다.

"오, 공주는 무엇이 필요한고?"

"화장품이 필요하와요, 아바마마."

"화장품?"

왕은 공주의 얼굴을 자세히 들여다보았다. 공주는 화장을 진하게 했다. 예전에는 전혀 화장을 하거나 꾸미지 않아 털털했다. 그런데 지금은 얼굴에 화장도 진하게 하고 옷도 화려하게 입고 있었다.

왕이 짓궂은 얼굴로 물었다.

"공주도 이제 시집갈 나이가 된 게냐?"

공주가 몸을 배배 꼬며 대답했다.

"아바마마, 저는 시집 안 갈 거예요. 평생 아바마마 곁에서 살겠사옵니다."

"참, 올해 공주가 몇 살이더라?"

"백마흔, 아, 아니 꽃다운 청춘 열두 살이잖아요, 아바마마."

공주의 애교에 왕은 기분이 좋아져서 소리쳤다.

"여봐라. 화장품 공장도 짓도록 하여라. 필요한 공장은 모두 다 짓도록 하여라."

왕은 금세 피곤해졌다. 요즘 들어 이상하게 기분이 좋았다가도 금세 화가 났다. 몸이 나른해지면서 모든 일에 의욕이 없어졌다.

"나는 들어가서 낮잠을 잘 테니 나머지는 그대들이 다 알아서 하라."

왕은 시종의 부축을 받아 침실로 갔다.

세 사람은 어이가 없었다. 공장은 하루이틀에 지을 수 없다. 기술자도 있어야 하고 돈도 많이 필요하다.

다행히 공장을 짓는다는 소문을 들은 부자들은 자신들이 공장을 짓겠다고 나섰다. 공장에서 나온 물건들을 팔아 더 부자가 되겠다는 속셈이었다.

부자들은 은행에서 돈을 빌려 공장을 짓기 시작했다. 하루아침에 이름없는 나라는 거대한 공사장으로 변했다.

거리는 활기가 넘쳤다. 골목마다 동네마다 작은 가게가 생겼다. 공장에서 쏟아져 나온 각종 상품들이 가게에 가득 쌓였다.

그런데 한 가지 문제가 생겼다. 가게마다 물건 값을 다르게 받았던 것이다. 이쪽 가게에서 500원 하는 과자를 건너편 가게에서는 490원에 팔았다.

채소 값은 부르는 게 값이었다. 어떤 날은 다섯 개에 1000원이던 오이가 어떤 날은 한 개에 1000원이 되었다.

가게마다 가격이 엉망진창이었다. 주위에 가게가 없으면 가게 주인은 물건 값을 더 많이 받았다. 하지만 가게가 많은 동네는 물건 값도 더 쌌다.

그러던 어느 날 한 재벌이 큰 가게를 열었다. 그 가게는 채소에서부터 학용품, 과자, 식료품, 옷, 장난감 등 이름없는나라에 있는 모든 물건들을 팔았다.

그 가게 이름은 '캡싸다 마트'였다.

"우리 캡싸다 마트에서는 모든 물건 값을 10에서 30퍼센트까지 싸게 팝니다. 거짓말이 아닙니다. 직접 와 보세요."

길거리에는 '캡싸다 마트'를 광고하는 전단지가 눈처럼 흩날렸다.

드디어 캡싸다 마트가 문을 여는 날, 이름없는나라 주민 모두가 몰려들어 마트 앞은 아수라장이 되었다.

광고를 한 것처럼 캡싸다 마트의 물건 값은 일반 가게보다 10에서 30퍼센트나 쌌다.

사람들은 저녁이면 가족과 함께 캡싸다 마트에 쇼핑을 하러 갔다. 한 번 갈 때마다 일주일에서 한 달 정도 쓸 물건을 한꺼번에 사왔다.

알뜰파 쇼핑족들은 캡싸다 마트가 문을 닫을 때쯤 갔다.

다른 제품들은 몇 날 며칠이고 쌓아 두고 팔 수가 있다. 하지만 채소는 그렇지 못하다. 채소의 생명은 신선함이다. 하루만 지나도 신선도가 떨어져서 나중에는 버리게 된다. 캡싸다 마트에서는 그날 팔고 남은 채소는 문 닫기 바로 직전 반값에 모두 팔아 치웠다. 그렇게 해서 반값이라도 건지는 것이 썩어서 버리는 것보다 이익이기 때문이다.

"자, 떨이요, 떨이. 오늘 낮에 1000원에 팔던 무가 500원. 배추도 반값에 팔아요."

동네 구멍가게 주인들은 긴장했다. 채소 가게에도 비상이 걸렸다. 사람들은 캡싸다 마트에 가서 산지에서 직접 올라온 채소를 샀다. 중간 도매상을 거치지 않았기 때문에 채소 가격도 싸고 그날그날 올라온 채소만을 팔았기 때문에 신선했다.

가게 주인들은 캡싸다 마트가 왜 이렇게 물건을 싸게 파는지 이해할 수 없었다. 아무리 따져 봐도 그렇게 싸게 팔면 손해가 날 것 같았다. 그렇다고 구멍가게 물건과 캡싸다 마트 물건이 다른 건 아니었다.

구멍가게 주인들은 탐정을 고용해 어떻게 된 일인지 조사해 보기로 했다.

탐정은 공장에서 만들어진 물건이나 산지에서 생산된 농작물이 어떤 과정을 거쳐 구멍가게와 캡싸다 마트까지 오게 됐는지 조사해 보았다.

탐정은 '가슴까지 시원한 콜라' 한 병이 소비자에게까지 가는 과정을 조사해 보았다.

'가슴까지 시원한 콜라'가 공장에서 동네 구멍가게까지 오기까지는 많은 과정을 거쳐야 한다. 우선 생산공장에서 원가를 받고 중간 도매상에게 물건을 팔았다. 중간 도매상은 여기에 이익을 붙여 소매상에게 팔았다. 이때 소비자는 도매상의 이익과 소

매상의 이익까지 모두 돈을 내야 한다.

하지만 캡싸다 마트에서는 직접 공장에서 물건을 사 갔다. 중간 도매상과 소매상에 붙는 비용이 줄어든 것이다. 거기다 공장에서는 물건을 많이 사 간다고 더 깎아 주기까지 했다. 캡싸다 마트에서는 그 이익을 고스란히 소비자들에게 돌려주었다.

"아하, 비밀은 유통 단계에 있었어."

동네 구멍가게 주인들은 고개를 끄덕였다. 하지만 그렇다고 그들이 직접 공장에서 물건을 사 올 수는 없었다. 그럴 만한 시간도 없었고 또 물건을 대형 마트처럼 많이 살 수도 없었다. 구멍가게가 대형 마트를 상대하기는 계란으로 바위 치기였다.

장사가 안 되는 구멍가게들이 하나둘씩 문을 닫았다. 돈이 있는 구멍가게 주인들은 체인점을 생각해 냈다. 이렇게 해서 '25시 편의점'이 탄생하게 되었다. 하루 24시간에 한 시간을 더해서 '25'라고 지은 것이다. 즉, 하루 종일 서비스하고, 거기다 한 시간 더 특별한 서비스를 제공한다는 의미가 이름에 담겨 있었다.

25시 편의점은 확실히 캡싸다 마트나 다른 구멍가게와는 달랐다. 우선 단 한 시간도 문을 닫지 않는다는 점이 가장 큰 특징이었다. 밤에 일하는 사람들을 위해 간단한 식사를 할 수 있는 음식을 팔았고, 심지어는 택배 서비스나 공과금을 대신 받아주는 서비스까지 했다.

어디에서나 눈에 띄는 세련된 실내 장식과 다양한 상품들, 친절한 서비스가 모아져서 편의점은 특히 청소년들이나 젊은 사람들에게 인기가 있었다. 대형 마트와의 차별화 경쟁에서 승리한 것이다.

어느 날부터인가 캡싸다 마트에 수상한 손님이 매일 찾아왔다. 그 손님은 얼굴 반을 가리는 선글라스를 끼고 있었고, 큰 모자를 썼다. 그 손님은 늘 시식 코너에 와서 음식을 집어먹기만 할 뿐, 물건은 전혀 사지 않았다.

어느 날 오후, 한 남자 아이가 그 손님에게 와서 물었다.

"아줌마 여기 화장실이 어디예요?"

그 손님은 버럭 소리 질렀다.

"그냥 아무 데나 싸, 이놈아!"

"엄마야!"

아이는 놀라서 울며 달아났다.

그 손님은 바로 미미 공주였다. 공주는 날마다 변장을 하고 캡싸다

마트에 갔다. 공주는 사람들이 물건을 사고파는 것을 보기도 하고, 무엇이 잘 나가는지 살펴보기도 했다.

날이 갈수록 캡싸다 마트에는 손님들이 늘어만 갔다. 공주는 화가 머리끝까지 났다.

'속상해, 속상해, 속상해! 왜 이렇게 장사가 잘 되는 거야?'

남의 불행이 곧 나의 행복. 공주, 아니 용하다할멈의 이 철학은 절대 변하지 않았다. 공주는 캡싸다 마트가 잘 되는 것을 도저히 두 눈 뜨고 볼 수 없었다.

궁궐로 돌아온 공주는 또다시 잔머리를 굴렸다. 5초도 되지 않아 멋진 생각이 떠올랐다.

'됐어, 바로 그거야!'

공주는 장관들을 지하실에 모이게 했다. 장관들은 잠이 덜 깬 부스스한 얼굴로 컴컴한 지하실에 나타났다.

"내 말 잘 들어라. 지금 곧 사람들을 풀어서 산지에서 올라오는 모든 채소를 다 사들여라. 또 공장에서 나오는 물건들도 다 사들여라. 캡싸다 마트에 절대로 물건이 들어가게 해서는 안 된다."

장관들은 공주 말이 무슨 뜻인지 몰라서 고개만 갸우뚱거렸다.

공주는 나무 탁자를 주먹으로 내리치며 말했다.

"뭘 그렇게 꾸물거리고 있는 거야. 모두 사들이란 말이다. 돈은 얼마든지 있으니까 걱정 말고!"

공주는 비밀 금고를 열었다. 장관들은 금고 안을 들여다보고 깜짝 놀랐다. 금고 안에는 새 돈이 가득 들어 있었던 것이다.

"공주마마, 이 돈은 다 어디에서 난 것이옵니까?"

재정부장관이 돈다발 하나를 들더니 부들부들 떨며 물었다. 공주는 재정부장관이 들고 있던 돈다발을 빼앗아 들고는 말했다.

"그대들은 몰라도 된다. 나는 이 나라에서 제일 부자다. 돈이면 무엇이든 할 수 있지."

공주의 말에 장관들은 허리를 굽실거리며 아부를 하기 시작했다.

"공주님, 오늘 왜 이렇게 예쁘세요?"

"우리나라에 공주님 없었으면 어쩔 뻔했어요? 어휴, 생각만 해도 끔찍하다니까요."

"구원자인지 구더기인지 그 녀석들한테 절대 우리나라를 빼앗기면 안 됩니다. 꼭 지켜 주세요, 공주님."

기분이 좋아진 공주는 장관들에게 돈다발 한 개씩을 던져 주었다.

그 돈은 공주가 몰래 구원자은행에서 빼돌린 돈이었다. 공주에게 그런 일이라면 식은 죽 먹기보다 쉬웠다.

그로부터 며칠 후, 캡싸다 마트에는 큰 혼란이 일어났다. 하루에 한 번씩 도착하는 물건이 벌써 며칠째 들어오지 않았던 것이다.

산지에서는 이미 다른 사람에게 채소를 모두 팔았다고 했고, 공장에서도 더 비싼 값에 물건을 사려는 사람에게 팔았다고 했다. 그러나 아무리 조사를 해 봐도 물건을 사 간 사람을 알 수 없었다.

물건이 떨어지자 너도나도 물건을 사겠다고 아우성이었다. 그나마 남아 있는 물건들도 값이 계속 올라갔다. 사려는 사람은 많은데 물건은 없으니 부르는 게 값이었다.

날이 갈수록 사태는 점점 심각해졌다.

빵 하나를 사기 위해 사람들은 길게 줄을 서야만 했다. 간신히 빵을 사게 되도 값이 열 배나 올라 있었다.

왕은 중간에 물건을 빼돌리는 자를 잡으라는 명령을 내렸다. 그러나 범인은 쉽게 잡히지 않았다. 장관들 대부분을 공주가 조종하고 있었기 때문에 이들은 대충 조사를 하는 시늉만 낼 뿐이었다.

"안 되겠다. 구원자들을 불러야겠다."

왕이 막 시종에게 세 사람을 불러오라고 말할 때였다. 갑자기 공주가 왕 앞을 가로막으며 말했다.

"아바마마, 그깟 일로 그들을 부를 필요는 없사옵니다."

"부를 필요가 없다니? 그럼 너에게 좋은 생각이라도 있는 것이냐?"

"그러하옵니다, 아바마마. 소녀에게 맡겨만 주시옵소서."

왕은 생각에 잠겼다. 하지만 오래 생각하지는 않았다. 졸음이 쏟아져 모든 게 귀찮았다.

"그렇다면 네가 알아서 처리하여라. 난 잠이나 자겠노라."

왕은 모든 일처리를 공주에게 맡겼다.

공주는 즉시 구원자은행에 돈을 더 많이 찍어 내라고 명령했다. 구원자은행의 명령을 받은 조폐공사에서는 밤새도록 돈을 찍어 냈다.

세 사람은 모처럼 캡싸다 마트로 쇼핑을 갔다. 원빈이는 좋아하는 라면을, 자영이는 인라인 스케이트를, 민구는 컴퓨터를 사기 위해서였다.

그런데 어찌된 일인지 캡싸다 마트 앞에는 사람들이 길게 줄 서 있었다. 저마다 불만이 가득한 얼굴이었다. 여기저기서 불평하는 소리가 들려왔다.

"이게 뭐야. 차라리 무진장기계를 사용하는 게 낫겠다."

"어제보다 빵 값이 스무 배나 올랐어. 이러다 빵 한 개 사려면 돈을 트럭에 가득 싣고 와야 될지도 몰라."

자영이가 심각한 얼굴로 말했다.

"이건 지독한 인플레이션이야."

원빈이가 머리를 긁적이며 물었다.

"인플레이션이 뭐야?"

자영이는 분명하고도 확신에 찬 목소리로 설명했다.

"인플레이션이란 물가가 오른 상태를 말해. 인플레이션이 생기는 원인으로는 여러 가지가 있어. 그중 가장 큰 이유가 돈의 양이 물건의 양보다 더 빠른 속도로 늘어난 것을 들 수 있지. 만약 이 이 나라에서 사용하고 있는 돈이 모두 만 원이라고 하고, 빵 한 개 가격이 1000원이라고 해 봐. 그런데 돈을 더 찍어 내서 모두 10만 원의 돈이 돌아다녀. 그러면 빵은 하나에 1000원이 아니라 만 원이 될 거야. 즉, 물건의 양은 정해져 있는데 돈이 늘어나면 물건 값이 당연히 오르게 되거든. 여기에 문제가 있어. 캡싸다 마트에 물건이 없어서 물건 값이 오르게 된 거잖아. 경제는 수요와 공급에 의해 돌아가게 돼 있어. 즉 수요는 사려는 사람이고, 공급은 팔 수 있는 물건의 양이지. 그런데 물건의 양이 줄어들어도 물건 값은 오르게 돼 있어. 이럴 때도 인플레이션이 일어나는 거야. 내가 보기에 이 이 나라에서 인플레이션이 일어난 건 두 가지 이유에서인 것 같아. 하나는 돈을 너무나 많이 찍어 냈고, 또 하나는 물건의 공급량이 줄었다는 것. 도대체 이런 일이 왜 벌어졌을까?"

자영이 말은 그럴 듯했다. 그러나 어떻게 이 문제를 해결해야 할지 난감하기만 했다.

세 사람은 쇼핑하는 것도 그만두고 당장 왕을 만나러 궁궐로

들어갔다. 그러나 왕은 낮잠을 자고 있었다. 아무리 기다려도 왕은 일어나지 않았다.

왕은 저녁 식사 시간이 돼서야 겨우 일어났다. 잘 차려진 저녁 식탁을 보며 왕은 만족스러운 얼굴로 의자에 앉았다.

세 사람은 식당으로 가서 이 사태를 설명했다. 왕은 얼굴을 찡그렸다.

"그럼 어떻게 하면 되겠느냐?"

"돈 찍어 내는 걸 줄이세요. 긴축 재정을 해야 합니다."

자영이가 말했다.

"중간에 물건들을 빼돌리는 범인도 잡아야 합니다."

민구가 말했다.

"그렇지 않아도 누군지 그 범인을 잡으라고 일러두었다. 에휴, 우리 궁궐 근위대도 게을러서 말이지. 무엇 하나 제대로 해결하는 게 없어요. 참 그건 그렇고 긴축 재정이 뭐냐?"

"다시 허리띠를 졸라매야 한다는 말입니다. 궁궐부터 돈을 아끼세요."

자영이가 말했다. 그러자 옆에 서 있던 원빈이가 식탁을 가리키며 말했다.

"지금 잔치 합니까? 평일 저녁 밥상치고는 너무 화려한 거 아니에요?"

바로 그때 공주가 들어왔다. 공주는 화려한 보석으로 치장을 하고 유명 디자이너가 만든 화려한 이브닝 드레스를 입고 있었다.

공주를 본 민구는 입이 쩍 벌어졌다.

"아름답다!"

민구 입에서 자기도 모르게 그 말이 새어 나왔다. 공주가 민구를 향해 살짝 눈웃음을 쳤다. 민구는 그런 공주에게 온통 마음을 빼앗기고 말았다. 공주는 화려한 자태를 뽐내며 세 사람 앞으로 지나갔다.

"모두들 여기에 있었군. 우리 함께 식사나 하자."

공주의 말에 민구는 재빨리 공주에게 의자를 빼 주고 자신은 그 옆에 앉았다.

"이렇게 아름다운 공주님과 저녁 식사를 하게 돼 영광입니다."

민구는 넋을 잃은 표정으로 말했다. 원빈이와 자영이는 어이가 없는 얼굴로 민구를 보았다.

저녁 식사가 끝나자마자 왕은 잠을 자러 침실로 가 버렸다. 자영이와 원빈이는 공주에게 물가를 잡아야 한다고 설명했다. 그 사이에도 민구는 공주의 미모에 넋을 놓고 있었다.

공주가 세 사람 얼굴을 차례로 보며 말했다.

"그렇지 않아도 나도 그 문제로 걱정하고 있었다. 이제 며칠 지나지 않으면 모든 게 정상이 될 것이다. 누군가 숨겨 놓은 물건을 풀면 될 게 아니냐?"

자영이가 미심쩍어 하는 얼굴로 물었다.

"그 누군가가 누구죠?"

그러자 공주가 난처해 하는 얼굴로 두 팔을 저으며 말했다.

"그걸 나한테 물으면 어쩌니? 아니, 그러고 보니 그대가 지금 날 의심하는 것이냐?"

공주가 태도를 바꾸어 자영이를 노려보았다. 자영이도 공주를 노려보았다.

"누가 의심한다고 했습니까? 공주님께서 혹시 알고 계실까 해서 여쭤 본 것뿐이지요."

공주가 소리를 버럭 질렀다.

"내가 어떻게 알아? 이것들이 보자 보자 하니까 무엄하기 짝이 없구나! 내가 누군지 벌써 잊었느냐? 난 이 나라의 공주란 말이다."

자영이가 공주를 노려보며 말했다.

"누가 아니래요?"

순간, 공주의 얼굴이 붉으락푸르락해졌다.

민구가 두 사람 사이를 끼어들었다.

"공주마마, 진정하세요. 지금 자영이가 인플레이션 때문에 신경이 많이 날카로워져 있습니다. 너그러운 공주마마께서 참으십시오."

공주는 그래도 화가 풀리지 않는지 씩씩거렸다. 자영이와 원빈이는 어이없는 얼굴로 민구를 보았다.

다음 날, 공주는 그동안 숨겨 두었던 채소며, 빵 같은 식료품을 풀어놓았다. 더 숨겨 놓을 수도 없었다. 공주가 빼돌린 채소는 모두 썩었고 유통 기간이 지난 식료품은 다 버려야 할 상태가 되었다. 결국 공주도 이번 일로 손해가 이만저만이 아니었다.

캡싸다 마트에 다시 물건이 쌓이기 시작했다. 그러자 하늘 높은 줄 모르고 치솟았던 물건 값도 제자리를 찾기 시작했다.

내꺼야원유 쟁탈 작전

왕의 건강은 점점 나빠졌다. 왕은 방에서 잠을 자는 시간이 많아졌다. 기억력도 줄어들어 방금 했던 말도 기억하지 못했다.

왕은 의자에 앉은 채 잠이 들어 있었다. 하지만 시종이 급히 들어와 아뢰는 소리에 잠이 깼다.

"전하. 큰일 났사옵니다. 물이 불에 타고 있사옵니다."

왕은 눈을 번쩍 떴다. 두 명의 시종이 왕의 큰 몸을 가까스로 일으켜 앉혔다.

"내가 지금 꿈을 꾸고 있는 게냐? 방금 뭐라 했느냐?"

왕이 졸음 섞인 목소리로 물었다. 그러자 시종이 호들갑을 떨며 말했다.

"까만 물이 불에 활활 타고 있사옵니다, 전하."

"아이고, 답답한 것아. 어찌 물이 불에 탄단 말이냐? 세상에 태어나 그런 해괴망측한 소리는 처음 듣는다. 아무래도 내가 너무 오래 살았나 보다."

"사실이옵니다, 전하."

"안 되겠다. 도대체 어찌 된 일인지 내 두 눈으로 똑똑히 봐야겠구나. 어디냐? 물이 불에 타고 있다는 곳으로 안내하여라. 참, 어서 구원자들에게도 기별을 넣어 궁궐로 들라 이르라."

잠시 후, 왕을 태울 가마가 들어왔다.

그때 세 사람이 뛰어 들어왔다. 세 사람을 본 왕이 가마에 오르며 다급하게 말했다.

"오, 어서들 오너라. 자, 함께 가자."

너무 급해 옷을 제대로 입지 못하고 달려온 원빈이가 허리띠를 채우며 물었다.

"어디로요?"

"나도 모르겠다. 하도 해괴한 일이라서 말이지. 가 보면 알겠지."

이렇게 해서 세 사람은 영문도 모르고 왕을 따라나섰다.

땅 위에서 시뻘건 불기둥이 하늘을 향해 솟아올랐다. 멀리 떨어져 있는 사람도 얼굴을 화끈거리게 할 만큼 뜨겁고 무서운 불기둥이었다.

왕은 자기의 눈을 의심했다. 살다 살다 땅에서 불기둥이 치솟아 오르는 것은 처음 보았기 때문이다.

시종이 한 농부를 왕 앞으로 데려왔다. 농부는 허풍스럽게 떠들어 대기 시작했다.

"저는 아주 부지런하게 열심히 최선을 다해서 농사를 짓고 있는 농부올습니다요. 여우 같은 마누라하고 토끼 같은 자식이 셋이나 딸려 있사온데, 첫째 딸은 절 닮아서 일을 잘하고 둘째 딸은 지 에미를 닮아서 얼굴이 아주 예쁘지요. 셋째는 어찌나 말썽을 잘 피우는지……."

왕이 손을 저으며 말했다.

"서론이 너무 길구나. 서론, 본론 빼고 결론으로 들어가거라."

농부가 들고 있던 삽으로 땅을 두어 번 두드린 후 말했다.

"오늘 아침에도 일하러 밭에 나왔습지요. 저는 아침부터 밤까지 땅만 파면서 열심히 일하는 농부올습니다요. 아, 그런데 오늘 아침에 땅을 파고 있는데 갑자기 검은 물이 솟구쳐 오르는 게 아니겠습니까?"

"그래서? 그래서 어찌 되었느냐?"

왕은 슬슬 졸음이 오기 시작했다. 하지만 땅에서 검은 물이 치솟아 올랐다는 말에 호기심이 생겼다.

"끈적끈적하고 미끈미끈한 것이 아무리 봐도 처음 보는 검은 물이었습니다요. 검은 물은 계속 흘러내렸습지요. 검은 물 때문

에 애써 갈아 놓은 땅이 엉망이 되어 버렸습지요. 화도 나고 힘도 들고 해서 담배나 한 대 피울까 하고 성냥을 그었는데!"
 "그었는데?"
 "불이 그만 확!"
 "확?"
 "검은 물에 불이 확 붙어서 저렇게 하늘로 치솟아 타오르지 뭡니까요."
 왕은 이것이 좋지 않은 징조라고 겁에 질린 얼굴로 말한 뒤 그 즉시 궁궐로 돌아갔다.
 남은 세 사람은 불기둥 근처로 가서 주변을 자세히 살펴보았다. 아무리 생각해도 그 불기둥이 왜 타오르는지 영문을 알 수 없었다.

원빈이가 말했다.

"그것 참 귀신이 곡할 노릇일세. 원유에 불붙는 건 봤어도 검은 물에 불이 붙는 건 내 생전 처음이야."

그 말을 듣고 있던 자영이가 갑자기 손뼉을 치며 말했다.

"너 지금 뭐라고 했어?"

원빈이가 두 눈을 껌벅거리며 물었다.

"내가 뭘?"

"이건 원유야. 생각해 봐. 텔레비전에서 봤잖아. 원유는 이렇게 새카매. 그리고 땅속에서 나오잖아. 이 나라에 원유가 나오다니, 이제 이 나라는 산유국이 된 거야. 부자가 될 거라고!"

자영이는 평소답지 않게 호들갑을 떨었다. 민구와 원빈이가 그제서야 놀란 얼굴로 마주 보았다.

"야호!"

세 사람은 동시에 환호성을 질렀다. 그리고 동시에 밭이랑에 흘러내린 원유에 엎어졌다. 세 사람의 온몸에 새까만 원유가 묻었다. 세 사람은 원유를 뒤집어쓴 채 뒹굴면서 환호성을 질렀다. 이 세상을 다 얻은 것처럼 기뻤다.

"가만, 이 기쁜 소식을 빨리 왕께 알리자."

민구가 새까만 얼굴에 하얀 이를 드러내며 말했다. 세 사람은 즉시 궁궐로 달려갔다.

왕과 공주는 놀라서 비명을 질렀다. 세 사람은 눈만 하얗고 나머지는 온통 새까매서 괴물처럼 보였다.

"꼴이 그게 뭐냐?"

공주가 언짢은 얼굴로 말했다.

"전하, 기뻐하십시오. 아까 전하께서 보신 그 검은 물은 바로 원유이옵니다."

"원유?"

왕과 공주가 동시에 물었다.

자영이는 원유에 대해 설명했다.

지금까지 기계는 소나 사람이 움직여야 했다. 하지만 원유로는 무엇이든 할 수 있다. 자동차를 움직이게 할 수도 있고 비행기도 띄울 수 있다. 공장도 자동화 기계로 바꿀 수 있고, 전기도 만들 수 있다. 우리 일상생활에서 원유는 없어서는 안 될 자원이다.

설명을 다 듣고 난 왕은 궁궐이 떠나갈 듯한 목소리로 소리쳤다.

"그렇게 좋은 것을 왜 이제야 발견했더란 말이냐. 아, 기쁘도다. 한없이 기쁘도다."

왕은 장관을 시켜 다른 곳에도 원유가 나오는지 알아보라고 시켰다. 그러나 아무리 나라 전체를 이 잡듯이 뒤져도 원유가 나오는 곳은 그 밭 딱 한 군데뿐이었다.

며칠 뒤 왕은 밭주인 농부를 궁궐로 불렀다.

"그대가 가지고 있는 그 땅을 팔아라. 이제부터 그 원유는 이 나라에서 관리할 것이니라."

농부는 난처한 표정을 지었다.

"아뢰옵기 황공하오나 어젯밤 그 땅을 팔았는뎁쇼!"

왕은 깜짝 놀랐다.

"도, 도대체 누구한테 팔았느냐?"

"모르는 여자였습니다요. 이름이…… 뭐라더라? 아, 예. 숙자라고 했습니다요. 성이 뭐였더라? 노씨였던가? 하여튼 그 노숙자라는 여자가 어젯밤 늦게 와서 100만 원을 주겠다고 땅을 팔라고 해서 팔았습니다요."

"아, 아니! 그 땅을 그렇게 싸게 팔았단 말이냐?"

왕은 당황해서 말까지 더듬으며 물었다. 농부가 씨익 웃으며 말했다.

"검은 물이 나오는 못 쓰는 땅을 뭣에다 씁니까요? 100만 원이면 땡잡은 것입니다요. 그 땅에는 농사도 지을 수 없는데 뭣에다 쓰려는지 모르겠습니다요."

"듣기 싫다. 어서 돌아가거라."

왕은 이만저만 실망한 게 아니었다. 농부가 물러가자 왕은 땅이 꺼져라 한숨을 내쉬었다.

"도대체 누군지 참으로 약삭빠르기 짝이 없구나. 나라에서 그 땅을 사서 원유를 팔면 얼마나 좋을꼬? 그렇다고 백성의 땅을 마음대로 빼앗을 수도 없고. 이것 참 난감한 일이로다."

그렇다면 도대체 누가 그 땅을 산 것일까?

어젯밤에 있었던 일이다.

모두가 잠든 한밤중이었지만 공주 방에는 불이 꺼지지 않았다.

공주는 방을 왔다 갔다 하며 뭔가 깊은 고민을 하고 있었다.

'뭐 좋은 방법이 없을까? 원유가 내 손에 들어오면 난 이 세상 제일의 부자가 될 텐데.'

공주는 자기의 특기인 잔머리 굴리기를 시작했다. 그로부터 정확히 4분 25초 후, 드디어 좋은 생각이 떠올랐다.

'옳지, 바로 그거야. 아, 난 역시 잔머리의 천재, 지혜의 여신, 척척박사 용하다할멈이라니까.'

공주는 허름한 옷으로 갈아입고 아무도 몰래 궁궐을 빠져나왔다. 공주는 급히 말을 달렸다. 공주가 도착한 곳은 원유가 나오는 땅의 주인 집이었다.

공주는 가지고 온 돈 자루를 탁자 위에 올려놓았다. 자루에는 100원짜리 동전이 가득 들어 있었다.

"이 돈을 줄 테니 그 땅을 나한테 파시오."

공주의 말에 농부는 좋아서 어쩔 줄을 몰랐다. 그렇지 않아도 농사를 지을 수 없게 돼서 걱정했는데, 그 쓸모없게 된 땅을 한 자루나 되는 돈을 주면서 사겠다니 이보다 더 고마울 수가! 농부는 자루를 덥석 집어 들었다. 공주의 얼굴에 음흉한 미소가 스치고 지나갔다.

원유가 나오는 땅 주인은 '노숙자'라는 이름으로 되어 있었다. 그러나 아무도 그 자가 누군지 알 수 없었다.

사실 노숙자는 공주가 돈을 주고 산 이름이다. 노숙자 씨는 공주에게 이름을 빌려 주는 대가로 100원을 받아서 빵을 사 먹었다. 공주는 철저히 자신의 신분을 숨기기 위해 노숙자라는 사람을 가짜 땅 주인으로 내세운 것이다.

밭 한가운데에서는 원유를 끌어올리는 커다란 기계가 소음을 내며 돌아갔다. 원유는 아무리 뽑아 올려도 계속 펑펑 솟아 나왔다. 다른 나라에서 모셔 온 원유 전문가에 의하면 앞으로 1750년 동안은 원유가 생산될 것이라고 했다.

공주의 하루 일과는 돈을 세는 것으로 시작되었다. 장관들은 원유 판 돈을 공주의 지하실 비밀 금고에 나르느라 나랏일은 뒷전이었다. 그러다 보니 나라 안에 범죄자는 날로 늘어났고 억울한 일을 당한 사람들은 궁궐 안에 진을 치고 앉아 농성을 벌였다. 부자들은 더 부자가 되었고 가난한 사람들은 더 가난해졌다.

공주는 돈 세는 재미에 푹 빠져 있었다. 오늘도 공주는 아침부터 지하실에 내려와 돈을 세고 있었다. 원유를 팔아 번 돈이 금고를 가득 채우고도 남아 금고를 더 만들어야 할 판이었다. 100만 원 주고 산 땅에서 지금까지 들어온 돈만 100억 원이 넘었다.

똑똑똑.

문 두드리는 소리가 났다. 공주는 재빨리 돈을 금고에 넣고 벽돌로 가렸다.

"들어오너라."

공주의 오른팔 재정부장관이었다. 재정부장관이 말했다.

"공주님, 기뻐하십시오. 원유 판 돈이 마구마구 들어오고 있습니다."

"기다려라. 앞으로 1750년은 더 돈이 굴러 들어올 것이다."

"그때까지 우리가 살아 있을까요?"

재정부장관의 말에 공주가 음흉한 미소를 지으며 말했다.

"암, 살아 있다마다!"

재정부장관은 깜짝 놀랐다.

"에이, 공주님은 농담도 잘 하시지. 하여튼 공주님은 천재세요. 어떻게 그 땅을 살 생각을 다 하셨어용?"

"호호호. 장차 이 나라의 왕이 될 몸인데 그 정도 똑똑한 건 당연하지. 그건 그렇고 내일부터 원유 값을 한 드럼당 5000원에서 만 원으로 올려라."

재정부장관은 깜짝 놀라서 물었다.

"공주님, 1000원에서 5000원으로 올린 지 일주일도 안 됐는데 또 올려요?"

공주가 의자에서 벌떡 일어났다. 공주는 재정부장관에게 천천히 다가가더니 들고 있던 봉으로 재정부장관의 턱을 들어 올렸다.

"이 바보야! 원유는 우리가 독점하고 있어. 그러니까 가격을 우리 마음대로 올려도 돼. 독점이 뭐야? 우리가 권리를 갖고 있다는 말이야. 너 마이크로소프트사 얘기도 못 들어 봤느냐?"

"마, 마이크가 소프트를 뭐 어떻게 했다고요?"

재정부장관이 허둥거리며 물었다.

"말해 봤자 내 입만 아프다. 지구의 일을 네가 알 리가 없지. 잘 들어라, 멍청아! 지구에 미국이라는 아주 큰 나라가 있다. 지구에서 최강대국이지. 그 나라에서 제일가는 부자가 바로 빌 게이츠란 작자인데, 그 작자 돈이 자그마치 60조 원이 넘는다고 한다."

"어머나!"

재정부장관이 놀라서 벌어진 입을 다물지 못했다. 공주는 친절하게도 벌어진 재정부장관의 입을 닫아 주었다.

"그 사람은 어떻게 해서 돈을 그렇게 많이 벌었대요?"

"나도 그게 궁금했지. 도대체 그 어마어마한 돈을 어떻게 모았을까? 그래서 알아봤지."

"그랬더니요?"

"그 비밀은 바로 윈도우즈에 있었어."

"윈도우즈? 윈도우즈라면 영어로 창문이란 뜻 아닙니까? 창문으로 어떻게 그렇게나 큰돈을 벌었대요?"

공주가 재정부장관을 노려보았다. 재정부장관은 입을 꾹 다물었다.

"멍청아! 윈도우즈는 컴퓨터 프로그램이야. 빌 게이츠는 지구인들이 즐겨 사용하는 컴퓨터 프로그램인 윈도우즈 프로그램을 팔았어. 그리고 모든 지구인들이 사용하는 컴퓨터에 그 프로그램을 사용하게 했지. 그게 바로 독점이었던 거야. 너도 생각해

봐라. 지구인들 중에서 약 10억 명이 컴퓨터를 사용한다고 쳐. 그럼 10억 개에 윈도우즈 프로그램이 깔릴 거야. 그러면 빌 게이츠는 10억 명에게서 돈을 받을 수 있지 않겠니? 부자가 안 되려야 안 될 수가 없지. 안 그래?"

"정말 그렇군요. 공주님, 우리도 원유를 지구에 수출해요. 아니 모든 별에 수출해요. 그럼 우린 빌 게이츠보다 더 부자가 될 거 아니에요?"

"그래그래, 이제야 너도 머리가 좀 돌아가는구나. 우린 원유 독점권을 갖고 있어. 가격 올리는 것도 우리 마음대로야. 또 많이 생산하거나 조금 생산하거나 우리 마음대로지. 으흐흐흐, 이제 이 나라는 우리 손에 넘어온 것이나 다름없어. 빌! 기다려, 나도 너만큼 부자가 될 테니까."

그날 이후 원유 값은 계속 변했다. 공주가 원유를 조금만 생산한 날에는 원유 값이 껑충 뛰었다. 또 마음이 변해서 원유를 많이 생산한 날은 원유 값이 내려갔다.

이렇게 원유 값이 들쭉날쭉하자 원유를 사려는 사람들이 왕에게 와서 고했다.

"정말 원유 값 때문에 못 살겠습니다. 아주 자기들 마음대로라니까요. 이래서야 어디 안심하고 공장을 운영하겠어요?"

"원유 값이 오르면 우리가 만드는 신발 값도 올려야 합니다. 신발 재료도 원유에서 나오거든요."

"그만! 그만!"

왕은 머리를 흔들며 소리쳤다. 정말이지 이제는 원유의 '원' 자만 들어도 머리가 지끈거릴 지경이었다.

보다 못한 자영이가 한 가지 제안을 했다.

"전하, 한국에는 공정거래위원회라는 것이 있어서 기업이 가격을 너무 많이 올리지 못하도록 감시하고 있사옵니다."

"공정거래위원회? 거기가 기업한테 벌을 주는 곳이냐?"

"아닙니다. 벌을 주지는 않고 감시를 하는 곳이지요. 한국에도 독점 기업이 있어요. 하지만 물건 값을 마음대로 올리지 못합니다. 공정거래위원회에서 감시를 하니까요."

"좋아, 그런 좋은 것이 있었는데 왜 진작 말하지 않은 것이냐? 여봐라. 당장 장관들에게 일러 공정거래위원회를 만들도록 하여라."

재정부장관에게 그 소식을 전해 들은 공주는 펄쩍 뛰었다.

"으이구, 분해. 다 된 밥에 코 빠트렸네."

"밥에 코를 빠트리다니요. 공주님, 더럽습니다."

공주는 재정부장관 머리를 쥐어박으며 말했다.

"한국 속담이다, 이 멍청아!"

죽음 빌라에서는 어떤 일이?

한편 죽음빌라에 있는 진짜 공주는 어떻게 됐을까?

진짜 공주는 하루하루를 한숨으로 보냈다. 마법의 수정거울은 하루 종일 이 나라에서 일어나고 있는 일들을 비춰 주었다.

용하다할멈은 공주 옷을 입고, 공주처럼 행동했지만 수정거울 속에서는 여전히 용하다할멈 모습 그대로였다.

진짜 공주는 마음이 아팠다. 용하다할멈이 왕의 밥에 마법약을 타는 장면을 볼 때는 안타까움으로 가슴이 새까맣게 타 들어갔다. 졸고 있는 왕을 볼 때는 가슴이 찢어지듯 아팠다.

'어떻게 해서든 이곳을 빠져나가야 해. 용하다할멈한테 이 나라를 내줄 수는 없어.'

진짜 공주는 날마다 이를 갈았다. 하지만 아무리 빌라 안을 뒤져도 빠져나갈 구멍이 없었다. 문이란 문은 모조리 밖에서 잠겨 있었고, 창문을 열면 딱딱한 벽이었다.

죽음빌라 안에는 음식 썩는 냄새가 코를 찔렀다. 썩은 공기가 빠져나가지 못해 실내 공기는 숨이 막혔다.

진짜 공주의 얼굴은 점점 더 흉측하게 변했다. 머리카락은 엉킨 실타래처럼 엉클어졌고 얼굴에는 깊은 주름살이 자글자글했다. 허리 살은 금방이라도 옷을 찢고 튀어나올 것처럼 팽팽했다.

그러나 진짜 공주는 외모가 어떻게 변하든 신경 쓰지 않았다. 이 나라를 구할 수만 있다면 평생 용하다할멈의 모습으로 살아갈 수도 있다고 생각했다.

진짜 공주는 모든 상황이 이렇게 될 줄 미처 몰랐다. 용하다할멈을 찾아올 때는 어떻게 해서든 이 나라를 살릴 생각뿐이었다. 용하다할멈도 이 나라에 살고 있기 때문에 기꺼이 도와줄 것이라고 믿었다.

'이제야 생각하니 믿는 도끼에 발등 찍힌 꼴이야. 어쩌면 좋지?'

진짜 공주는 벽과 창문을 주먹으로 쳤다.

"밖에 누구 없느냐? 여기 사람이 갇혀 있다. 내 목소리가 안 들리느냐?"

목이 쉬도록 외쳐도 밖에서는 아무 소리도 들리지 않았다.

싹쓸이 세금

"어허, 이거 정말 걱정이군."

왕은 한숨을 푹푹 내쉬었다. 왕 옆에는 공주와 재정부장관이 각각 서 있었다. 왕이 서류를 들여다보고 있는 사이, 두 사람은 허공에서 묘한 눈빛을 교환했다.

"내년에는 지난번 홍수로 무너진 다리도 다시 세워야 하고, 또 도로가 좁아 백성들이 지나다니기 불편하다고 하니 새 도로도 만들어야 하옵니다. 또 이런 말 하기는 죄송하지만 제 월급도 벌써 3개월째나 밀렸사옵니다. 하오나 궁궐 금고가 텅 비었사온데, 이 일을 어찌하면 좋사옵니까, 전하."

재정부장관은 입으로는 걱정하고 있었지만 고소해서 죽겠다는 표정이었다.

궁궐 금고가 빈 것은 공주가 몰래 돈을 빼돌렸기 때문이다. 재정부장관과 짜고 금고의 돈을 야금야금 지하실 비밀 금고로 옮겼다. 왕은 이 사실을 까맣게 모르고 있었다.

"공주! 무슨 뾰족한 수가 없겠느냐?"

왕이 애처로운 눈빛으로 공주를 바라보며 물었다.

"아바마마, 좋은 방법이……."

"오! 좋은 방법이 있느냐?"

왕이 다그쳤다. 공주는 세상에서 가장 슬픈 표정을 지으며 말했다.

"있으면 얼마나 좋겠습니까? 정말 걱정입니다."

왕은 실망한 표정으로 시종에게 말했다.

"당장 구원자들을 들라 이르라."

재정부장관의 얼굴에 두려운 빛이 스치고 지나갔다. 공주가 안심하라는 듯 묘한 미소를 보냈다.

잠시 후 세 사람이 들어왔다. 왕은 궁궐 장부를 보여 주었다. 장부를 보니 궁궐 금고에는 이 나라가 한 달도 버티기 어려울 만큼의 돈밖에 없었다.

"그대들 덕분에 백성들은 부자가 되었다. 지금 은행에는 현금이 금고에 가득 쌓여 있다고 한다. 그런데 이 나라 금고는 텅 비었으니 이를 어쩌면 좋단 말인고?"

민구는 장부를 보자 화가 나서 자기도 모르게 소리쳤다.

"이렇게 되도록 뭐하셨어요?"

민구는 지난 날 한국이 겪었다는 일을 떠올렸다. 한국에서는 6.25 전쟁 다음으로 큰 환란이 일어났는데 바로 IMF 금융 대란이었다. 부모님은 지금도 "IMF 때는 정말 힘들었어."라고 말하며 고개를 흔든다. 그때 일은 다시 기억하고 싶지 않다고 말했다.

IMF 금융 대란은 외화가 부족해서 일어났다. 무역을 하려면 달러가 있어야 한다. 한국 돈이 아무리 많아도 달러가 없으면 다른 나라에서 물건을 팔지 않는다. 국가 신용도가 계속 떨어져서 투자자도 점점 한국을 빠져나가고, 외국에서 돈도 꿔 주지 않는다. 결국 국가 전체가 부도 상태에 이르는 것이다. 하는 수 없이 국제통화기금인 IMF에서 구제금융을 받아야만 했다.

국민들은 허리띠를 졸라맸다. 심지어는 장롱 깊숙이 들어 있던 금을 꺼내 모아 외국에 팔아 달러를 벌어들였다. 너도나도 열심히 일했다. 그 결과 얼마 후에 IMF 환란에서 벗어날 수 있었다.

"하지만 이 나라 금고가 빈 것은 IMF 때와는 다르다고 봐."

자영이가 단호한 얼굴로 말했다. 민구와 원빈이가 동시에 고개를 끄덕였다.

"뭐 좋은 방법이 없겠느냐?"

왕이 마른 침을 꼴깍 삼키며 세 사람을 둘러보았다. 공주는 팔짱을 끼고 '어디 너희들이 해 볼 테면 해 보라.'는 얼굴로 보고 있었고, 재정부장관은 왕과 공주 얼굴을 번갈아 바라보며 눈치만 살폈다.

이윽고 세 사람이 동시에 말했다.

"세금을 거둬요."

세 사람의 목소리가 너무나 컸기 때문에 왕은 깜짝 놀랐다. 물론 공주와 재정부장관도 놀라기는 마찬가지였다.

공주는 심각한 얼굴로 세 사람을 내려다보았다.

"세금이 무엇이냐?"

이번에는 자영이가 말했다.

"나라의 국민들이라면 내는 것이옵니다. 우리 대한민국에서는 국민이라면 모두 세금을 내고 있습니다. 국가는 그 돈으로 도로도 만들고 공무원들 월급도 주고, 나라 지키는 무기도 사는 등 나라 살림을 위해 쓰고 있습니다."

왕이 깜짝 놀라 물었다.

"그럼, 너희 같은 어린이들도 세금을 낸단 말이냐?"

원빈이가 나서서 대답했다.

"세금은 소득이 있는 사람들, 즉 돈을 버는 사람들만 내는 거예요. 우리 어린이들은 안 내요."

그때 자영이가 말했다.

"아니지. 어린이도 세금을 내. 우리가 어떤 물건을 살 때 거기에는 세금도 포함돼 있어. 그게 바로 부가가치세야. 우리가 사는 과자 한 봉지에도 부가가치세가 붙어 있으니까 어린이도 세금을 내는 셈이야."

왕은 머리가 지끈거렸다. 더 생각하면 골치만 더 아파질 것 같았다.

"그래, 세금! 그것 참 좋은 제도로구나. 그럼 우리 국민들에게도 세금을 거둬들이도록 하여라. 그리고 나는 좀 쉬어야겠으니 나머지 문제는 여기 재정부장관과 공주와 함께 의논하도록 하여라."

왕은 자기의 방으로 들어가 버렸다.

세 사람은 공주와 재정부장관과 함께 어떤 세금을 거둬들여야 할지 의논했다.

공주가 눈을 번뜩이며 말했다.

"한 사람당 1000만 원씩 걷는 게 어떻겠느냐?"

옆에 앉아 있던 재정부장관이 히히덕거리며 거들었다.

"아이구, 공주님은 머리도 좋으셔요. 저도 보너스라는 걸 듬뿍 받아 보고 싶어용."

자영이는 어이없다는 표정으로 공주와 재정부장관을 바라보았다. 민구는 공주를 바라보고 있는 것만으로도 황홀했다. 원빈이는 아까부터 뭔가를 계산하는지 입속으로 뭔가를 중얼거렸다.

참다못한 자영이가 벌떡 일어나 말했다.

"공주님, 왜 그렇게 철이 없으세요?"

공주와 재정부장관, 원빈이와 민구가 깜짝 놀라 자영이를 봤다.

"그렇게 되면 백성들이 좋아하겠어요? 세금은 합리적으로 거둬야 한다고요. 돈을 많이 버는 사람에게는 많이, 적게 버는 사람에게는 적게, 또 돈을 못 버는 사람한테는 세금을 거둬들이면 안 돼요."

자영이가 열변을 토했다. 원빈이가 고개를 끄덕였다.

"맞습니다, 맞고요. 우리 할아버지는 작년에 홍수가 나는 바람에 빚만 잔뜩 짊어졌어요. 할아버지처럼 돈은 없고 빚만 많은 사람한테 세금을 거둬선 안 돼요."

민구가 공주의 눈치를 살피며 조심스럽게 말했다.

"우리 대한민국은 1년 예산을 짭니다. 그래서 세금을 얼마나 거둬들일지 결정해요. 그러니까 이 나라에서도 내년 나라 살림 예산을 짜서 세금을 결정하는 것이 좋을 것 같습니다."

공주가 소리를 버럭 질렀다.

"누가 그걸 모른단 말이냐? 정말 듣자 듣자 하니 무례해서 더 들을 수가 없구나. 누굴 바보로 아는 게냐?"

민구가 허리를 굽실거리며 말했다.

"죄송합니다, 공주님. 제가 이 아이들을 대신해서 사과드리겠습니다."

공주는 민구 말을 들은 척도 안 하고 재정부장관에게 말했다.

"지금 곧 모든 백성들에게 세금을 거둬들이도록 하여라. 돈을

많이 버는 사람에게는 많이 거둬들이고, 적게 버는 사람에게는 적게 거둬들이도록 하라. 또 직접 거둬들이는 직접세 외에 상품마다 세금을 붙이는 간접세, 즉 부가가치세도 거둬들여라."

재정부장관이 씩씩한 목소리로 대답했다.

"분부대로 거행하겠사옵니다, 공주마마."

공주가 세 사람을 보더니 뽐내듯 말했다.

"어떠냐, 나도 똑똑하지?"

자영이와 원빈이가 마지못해 고개를 끄덕였다.

민구는 여전히 황홀한 얼굴로 공주를 바라보았다.

막써요술카드

공주는 벌써 다섯 시간째 거울 앞에 서 있다.

머리를 풀었다, 올렸다, 꽜다, 비틀었다, 별짓을 다 해 봐도 마음에 들지 않았다. 궁궐 전담 미용사가 다섯 시간 만에 겨우 공주 마음에 드는 머리를 만들었다.

공주는 가장 비싼 다이아몬드 목걸이를 꺼냈다. 이 나라에 단 하나뿐인 다이아몬드 목걸이다.

사실 다이아몬드가 처음부터 비싼 것은 아니었다. 땅을 파 보면 어디에서나 반짝반짝 빛나는 다이아몬드 광석이 있었다. 그런데 궁궐에서만 다이아몬드를 캘 수 있는 권리를 갖게 되었다. 공주는 다이아몬드를 아주 조금씩만 캐내게 했다. 또 공주는 다이아몬드를 결혼할 때 예물로 사용하라고 명령을 내렸다. 다이

이몬드를 주지 않는 신랑은 엄벌에 처하라는 명령도 함께 내렸다. 그러자 다이아몬드 가격이 하늘 높은 줄 모르고 치솟았다.

다이아몬드 반지를 구하지 못해 결혼식을 못하는 신랑, 신부까지 생겨날 정도였다. 다이아몬드를 팔아서 번 돈은 모두 공주 개인 금고로 들어갔다. 공주는 금고가 들어갈 건물 한 채를 더 지었다.

감탄한 눈빛으로 거울 앞에 서 있던 공주는 생각했다.

'음. 이만하면 누가 봐도 한눈에 반할 정도로 아름답지? 오호호, 정말 아름다워. 이제 민구, 그 멍청한 녀석 골탕 먹일 일만 남았네. 아이, 재밌어라.'

오늘 저녁 민구는 공주에게 저녁을 대접하겠다고 했다. 약속 장소는 이 나라 시내에서 가장 화려하고 비싼 레스토랑. 이미 두 사람 분량의 음식을 예약까지 해 놓은 상태였다.

민구는 공주를 보자 입을 다물지 못했다.

눈이 부셨다. 특히 목에 걸린 다이아몬드 목걸이는 눈이 부실 정도로 아름다웠다.

두 사람을 위해 레스토랑은 다른 손님을 받지 않았다. 경호원들이 삼엄하게 레스토랑 주위를 둘러쌌다.

아름다운 음악이 연주되고, 훌륭한 음식이 나왔다. 하지만 공주에게 아름다운 음악은 시끄러운 소음일 뿐이었다. 또 맛있는 음식은 그림의 떡이었다. 공주, 아니 용하다할멈은 지네, 번데기, 지렁이, 달팽이 같은 것들로 만든 음식을 즐겨 먹었다.

민구가 물었다.

"왜 안 드십니까, 공주님?"

"배가 부르구나."

"공주님, 무척이나 아름다우십니다."

"그대도 오늘따라 멋있다. 춤추겠느냐?"

공주가 손을 내밀었다. 민구는 혼이 다 빠질 지경이었다.

두 사람은 홀에 나가 춤을 추었다. 악사가 들어 보지도 못한 음악을 연주했다. 이 나라에서 요즘 최고로 인기 있는 음악이라고 했지만 민구가 듣기에는 아무렇게나 연주하는 소리 같았다.

어쨌거나 민구는 행복했다. 이렇게 공주와 함께 춤을 추고 있다는 사실이 꿈만 같았다.

한참 민구가 넋을 잃고 춤을 추고 있는 동안 공주는 살며시 민구의 옷 속에서 지갑을 꺼냈다. 지갑 속에는 오늘 치러야 할 저녁 값이 들어 있었다. 공주는 지갑을 바닥에 떨어트린 뒤, 발로 힘껏 찼다. 지갑은 멀리 떨어진 테이블 밑으로 들어가 버렸다.

저녁 식사가 끝났다. 민구는 웨이터를 불러 계산서를 가져오라고 말했다.

"오늘 즐거웠습니다. 계산은 제가 하지요."

그런데 아무리 뒤져도 지갑이 없었다. 민구는 식은땀을 흘리며 몸 구석구석을 뒤져 보았다. 없다! 아무리 뒤져도 지갑이 없다.

"이상하다. 분명히 안주머니에 지갑을 넣어 두었는데……."

"돈이 없느냐? 안 그렇게 봤는데 너도 한심하구나."

공주의 말에 민구는 더 난처해졌다.

"죄송합니다, 공주님."

민구는 레스토랑 주인에게 가서 통사정을 했다.

"외상으로 해 주실 수는 없겠습니까? 내일 와서 꼭 갚겠습니다."

레스토랑 주인은 떨떠름한 표정으로 민구를 보며 말했다.

"구원자 중 한 분이니까 봐드리지요. 오늘은 그냥 가세요. 처음부터 돈이 없다고 했으면 좋았을 텐데, 조금은 섭섭합니다."

민구는 얼굴이 새빨개졌다. 태어나서 처음 당해 본 망신이었다. 공주는 민구가 눈치 채지 못하는 동안 키득거렸다. 결국 민구는 다음 날 갚는다는 약속을 하고 레스토랑에서 나왔다.

밤이 깊었지만 민구는 생각할수록 창피해서 잠이 오지 않았다. 낮에 당한 망신이 두고두고 얼굴을 화끈거리게 했다.

'칫, 한국에 있을 때 부모님은 레스토랑에 가서 돈을 내지 않았어. 카드로 긁었지. 카드? 맞아, 그거야. 신용카드!'

민구는 뛸 듯이 기뻤다. 이 소식을 알리러 당장 왕의 방으로 달려갔다. 그러나 왕은 이미 깊은 잠에 빠져 있었다.

민구는 공주의 방으로 찾아갔다.

"공주님! 공주님!"

민구는 공주의 방이 보이는 입구에서부터 큰 소리로 공주를 불렀다. 공주 방을 지키고 있던 수호병사가 가로막았다.

"지금 공주님은 주무시오. 그러니 내일 아침에 다시 오시오."

하지만 민구는 그대로 돌아갈 수 없었다.

그 시간, 공주는 저녁 식사를 하고 있었다. 민구와 레스토랑에서 맛도 없는 스테이크를 먹느라 얼마나 속이 메슥거렸는지 모른다.

공주는 방금 흙 속에서 잡은 지렁이, 50년 묵은 지네, 살찐 달팽이를 올려놓고 맛있게 저녁 식사를 하려던 참이었다. 특히 50년 묵은 지네는 언제 먹어도 입맛을 확 당기게 한다.

그런데 밖에서 민구가 부르는 소리가 들렸다.

공주는 먹던 음식들을 후다닥 옷장 속에 감췄다.

'에이, 이 야밤에 무슨 일이야?'

공주는 귀찮았지만 밖으로 나갔다.

민구는 공주에게 이 나라에도 신용카드를 만들어야 한다고 침을 튀기며 설명했다.

"신용카드 한 장만 있으면 굳이 돈을 가지고 다니지 않아도 됩니다, 공주님. 어디 그뿐인 줄 아세요? 물건도 살 수 있고요, 아까 저처럼 식당에서 돈이 없어도 음식을 먹을 수 있어요."

공주는 놀라는 표정을 지으며 물었다.

"어머나, 정말 그런 요술카드가 있단 말이냐? 그거 있으면 정말 좋겠다. 돈 없어도 뭐든지 살 수 있겠구나."

공주의 말에 민구가 정색을 하며 말했다.

"그건 그렇지 않아요, 공주님. 신용카드는 돈이 아니라 외상인걸요. 일단 신용카드는 카드 회사에 신청해서 만들어야 해요. 가게나 음식점은 신용카드 가맹점에 가입해야 하고요. 신용카드로 물건을 사면, 그 가게는 신용카드 회사에 물건 값을 청구하지요. 그러면 신용카드 회사는 물건 값에 수수료를 빼고 돈을 내주는 거예요. 그리고 신용카드 회사는 신용카드 가입자에게 이자를 붙여서 돈을 청구하고요. 그러니까 신용카드는 돈이 아니라 외상이에요. 함부로 썼다가는 빚만 잔뜩 늘어나게 된다고요. 한국에는 외상이면 소도 잡아먹는다는 속담도 있는걸요. 그만큼 외상이 무섭다는 얘기예요."

"어쨌든 참 편리한 카드구나. 당장 우리나라 백성들도 신용카드를 만들도록 해야겠다."

어쩐 속셈인지 공주가 순순히 나왔다. 민구는 뛸 듯이 기뻤다.

다음날부터 이 나라 사람들은 신용카드를 만들 수 있게 되었다. 단, 미성년자는 만들 수가 없었다. 또 재산이 있거나 직업이 있어서 갚을 수 있는 능력이 있는 사람에게만 발급해 주었다.

한편 공주는 재정부장관을 불러 은밀한 지시를 내리고 있었다.

"잘 들어라. 지금 사람을 풀어 이 나라의 모든 백성들에게 신용카드를 마구 발급해 주도록 하여라."

재정부장관이 깜짝 놀라 물었다.

"공주님, 그건 안 됩니다요. 신용카드는 수입이나 재산이 있는 사람, 갚을 수 있는 능력이 있는 사람에게만 발급해 주라고 민구가 말했는뎁쇼?"

공주는 들고 있던 봉으로 재정부장관의 머리를 탁 치며 소리쳤다.

"이 나라의 주인이 누구냐? 민구냐?"

"아이구, 머리야. 당연히 공주님이시지요. 전 영원한 공주님의 종이옵니다. 딸랑딸랑!"

"그렇다면 당장 시키는 대로 해라. 어린이, 노인, 거지 할 것 없이 모두 발급해 주도록 하여라. 개나 고양이한테도 한 장씩 발급해 주도록 하여라. 신용카드를 발급받는 자들에게 선물까지 듬뿍 주도록 하여라."

이렇게 해서 나라 안에 신용카드 바람이 불었다. 사람들은 신이 나서 너도나도 신용카드를 만들었다.

얼마 지나지 않아 이 나라 사람들은 신용카드 없이는 하루도 살 수 없게 되었다. 가게에서 과자 한 봉지를 살 때도 신용카드를 내밀었다. 신용카드로 마음껏 술도 마시고, 멋진 보석도 샀다. 사람들의 옷차림은 날로 화려해졌고 돈 씀씀이도 커졌다.

그러나 그런 생활은 오래가지 못했다. 결제 날짜가 돌아왔지만 사람들은 그 돈을 갚을 능력이 없었다. 한 달에 100만 원씩 월급을 받는 사람이 1000만 원을 썼으니 벌어서 갚는다는 것은 도저히 불가능했다.

신용카드 회사에서는 날마다 카드 사용자들에게 독촉 전화를 걸었다. 만약 3개월 안에 돈을 갚지 않으면 신용불량자로 만들겠다고 협박했다.

신용불량자가 되면 모든 면에서 불이익을 받는다. 은행에서 돈을 빌리기도 힘들고, 신용도가 나쁘다는 이유로 회사에 취직하는 것도 힘들다.

모든 것이 공주가 계획했던 대로 되어 가고 있었다.

공주는 마음속으로 환호성을 올렸다.

'그래, 펑펑 써라. 이제 이 나라도 망할 날이 머지않았구나. 그때가 되면 내가 송두리째 집어삼켜 주지. 음하하하.'

세 사람은 걱정이 태산이었다. 당장 왕에게 달려가 신용카드를 마구 발급해 준 사람이 누구냐고 물었다. 그러나 왕은 이미 거의 모든 기억을 잃어버려 아무것도 기억하지 못했다. 하지만 명령서에는 분명히 왕의 도장이 찍혀 있었다.

세 사람은 회의실에 모여 이 문제를 의논했다.

원빈이가 고개를 갸웃거리며 말했다.

"왕이 아무래도 제정신이 아닌 거 같다. 어떡하면 좋지?"

민구는 괴로웠다.

"정말 걱정이야. 괜히 내가 신용카드를 만들자고 해서 이렇게 되었어."

민구의 눈에 눈물이 고였다. 원빈이와 자영이는 민구를 위로했다.

"사내가 그깟 일로 눈물 보이다니, 너답지 않다. 걱정 마. 무슨 좋은 방법이 있겠지."

"이대로 놔둬선 안 돼. 이제부터라도 신용카드 발급을 엄격하게 해서 돈을 꼭 갚을 수 있는 사람에게만 발급하게 해야겠어. 또 대대적으로 신용카드를 잘 쓰자는 캠페인도 벌이고. 애들아 뭐해? 어서 왕을 뵈러 가자."

세 사람은 왕에게 자신들의 의견을 말했다. 왕은 세 사람의 말도 듣는 둥 마는 둥 했다. 왕은 이미 기억이 거의 빠져나가 버려서 방금 전에 들은 말도 금세 까먹었다.

"그대들 마음대로 하시오. 난 잠이나 자러 가야겠소."

왕은 커다란 몸을 겨우 일으켜 침실로 들어갔다.

세 사람은 궁궐을 나왔다.

원빈이가 힘없이 말했다.

"이제 우리도 이 나라를 떠날 때가 온 거야."

민구와 자영이가 놀란 얼굴로 원빈이를 보았다.

"왕은 저 모양이지, 공주는 사고만 치지, 이제 일할 맛도 안 난다."

그 말에 민구가 정색을 하며 말했다.

"너 우리 공주님을 그런 식으로 말하지 마."

"우리 공주님?"

원빈이가 어이없다는 듯이 민구를 보았다. 민구가 원빈이를 노려보았다.

"너 말 한번 잘했다. 너네 공주님이 일 저질러서 이 모양 된 거 아냐? 사고나 치고 다니는 그런 공주 난 열 트럭을 갖다 줘도 싫다."

"누가 너 같은 촌뜨기한테 공주가 관심이나 가져 준대?"

"뭐 촌뜨기? 너 말 다 했어?"

"다했다 왜?"

원빈이의 주먹이 민구의 얼굴로 날아갔다. 민구가 원빈이의 멱살을 잡았다.

원빈이와 민구는 서로 뒤엉켜 싸우기 시작했다.

"제발 그만해!"

자영이가 앙칼진 목소리로 소리쳤다. 하지만 두 사람 귀에는 들리지 않았다. 민구 코에서 코피가 터졌다. 피를 본 민구가 눈에 불을 켜고 원빈이를 때렸다.
"그만두지 못해!"
자영이가 소리쳤다. 그 소리가 어찌나 컸던지 원빈이와 민구는 자기도 모르게 떨어졌다. 자영이가 씩씩거리며 두 사람을 번갈아 노려보았다.
머쓱해진 원빈이와 민구가 멀뚱멀뚱 서서 자영이를 보았다.

"너희들 한국에 가고 싶지 않니?"

두 사람이 동시에 고개를 끄덕였다.

"가고 싶으면 빨리 이 나라 경제 살리는 일부터 끝내야 할 거 아냐. 싸우는 건 한국에 돌아가서 해."

결국 두 사람은 악수를 하며 화해했다.

세 사람은 이 나라 사람들을 상대로 '신용카드 잘 사용하기'에 대한 대대적인 캠페인을 벌였다.

우선 신용카드의 사용이 결국 빚이라는 사실을 알기 쉽게 알려 주었다. 잘 쓰면 편리한 물건이지만 잘못 쓰면 자기뿐 아니라 집안까지도 망하게 되는 물건이라는 사실도 알렸다. 신용카드 발급 조건도 매우 까다롭게 했다. 재산과 직업 등을 철저히 따져서 발급했다.

대대적인 신용카드 제대로 쓰기 캠페인 덕분에 신용불량자는 점점 줄어들고 경제는 안정을 찾아갔다.

다터져휴대폰 주식회사

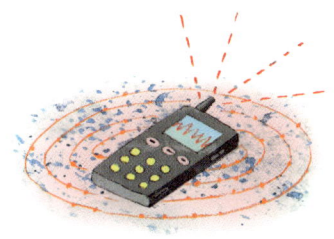

　이름없는나라에서 지내는 시간이 길어지면서, 세 사람은 심한 향수병에 시달렸다.
　지난번 원빈이와 민구가 싸운 이후, 세 사람은 집 생각 때문에 잠을 이룰 수 없었다.
　민구는 아빠, 엄마가 걱정이었다. 집도 가구도 모두 다 빼앗겨 길거리에 나앉지나 않았는지 걱정이었다.
　원빈이는 늙으신 할아버지가 걱정이었다. 이제는 얼굴도 잘 기억나지 않는 엄마도 그리웠다.
　자영이는 집에 돌아가 봐야 또다시 공부만 해야 한다는 생각에 마음이 무거웠다. 그래도 집이 최고라는 생각이 들었다. 아빠, 엄마도 보고 싶었다.

세 사람은 각자의 방에서 하루 종일 나오지 않았다.

공주는 시종들을 시켜 세 사람이 무엇을 하고 있는지 알아보라고 시켰다.

"세 명 다 무슨 고민이 그리 많은지 깊은 생각에 젖어 있사옵니다. 얼굴을 보니 무척 슬퍼 보였사옵니다."

시종의 말을 들은 공주는 마음속으로 쾌재를 불렀다.

'좋아! 이제 저것들을 쫓아낼 때가 온 거야. 이제 이 나라는 내 거다.'

저녁때가 되자 공주는 요리사를 불러 맛있는 음식을 잔뜩 차리게 했다. 그리고 세 사람을 저녁 식사에 초대했다.

"그대들을 위해 오늘 특별히 요리사에게 한국 음식을 만들라고 했다. 어떠냐, 마음에 드느냐?"

식탁을 본 세 사람은 깜짝 놀랐다. 이곳에 와서 처음 본 한국 요리들이 식탁 가득 차려져 있었다.

원빈이는 제일 좋아하는 된장찌개를, 민구는 제일 좋아하는 불고기를, 자영이는 제일 좋아하는 잡채를 보자 입에 침이 가득 고였다.

세 사람은 자리에 앉자마자 음식을 먹기 시작했다.

공주는 우아하게 앉아서 세 사람을 보았다.

'그래, 많이들 먹어라. 그것이 오늘 너희들이 먹는 최후의 만

찬이니까, 오호호호.'

식사가 끝난 후 공주는 시종에게 준비한 물건을 가져오라고 시켰다. 시종이 낑낑거리며 가방 세 개를 가져왔다. 공주는 한 명에게 한 개씩 가방을 주었다.

원빈이가 가방을 열어 보기도 전에 물었다.

"이게 뭐예요?"

공주가 헛기침을 두어 번 하고는 연설을 하듯 말했다.

"그대들 덕분에 우리나라는 이제 잘살게 되었다. 왕을 대신해서 그대들한테 감사의 말을 전하겠다. 오늘 이렇게 그대들을 오라고 한 것은 그동안 수고한 대가를 주기 위해서다. 자, 가방을 열어 보아라."

세 사람은 일제히 가방을 열었다. 가방 안에는 돈이 가득 들어 있었다. 세 사람은 놀라 일제히 공주를 보았다. 공주는 입가에 미소를 담고 말했다.

"1000만 원이다. 이 돈을 가지고 그만 지구로 돌아가거라. 돌아갈 때는 여기 올 때 타고 왔던 우주선을 타고 가면 된다."

갑작스러운 공주의 말에 세 사람은 한동안 아무 말도 못했다.

잠시 후, 원빈이가 불쑥 입을 열었다.

"안 돼요!"

공주와 나머지 두 명의 아이들이 원빈이를 보았다. 원빈이가 씩씩거리며 말했다.

"이 돈 갖고 못 가요."

공주가 당황해서 말했다.

"왜? 돈이 부족하느냐? 더 줄까?"

"이 돈은 이 나라 돈이잖아요. 한국에 가면 휴지 조각이란 말이에요. 아무 짝에도 쓸모없다 이 말이에요."

공주의 얼굴이 일그러졌다. 미처 거기까지는 생각하지 못했던 것이다. 이때다 싶어 자영이가 말했다.

"사실은 저도 그 말을 하려고 했어요. 그리고 우린 아직 안 돌아갈 거예요."

공주가 자영이를 노려보며 물었다.

"아니 왜 안 돌아가겠단 말이냐? 내가 분명히 말하지 않았느냐? 이 나라가 잘 살게 되면 지구로 돌려보낸다고 말이다."

자영이가 말했다.

"아직 여기서 해야 할 일이 많아요."

그때까지 잠자코 있던 민구가 말했다.

"그렇습니다, 공주님. 공주님을 두고 갈 수는 없습니다."

원빈이와 자영이가 어리둥절한 얼굴로 민구를 보았다. 민구가 계속 말했다.

"공주님 혼자서 이 나라를 이끌어 간다는 것은 아직 어렵습니다. 저희가 조금 더 도와드리겠습니다."

"그대들 마음이 너무나 기특하고 고맙다. 그럼 그렇게 하여

라. 아, 참! 그 돈은 그냥 가져라. 어차피 상금을 내리려던 참이었으니까."

공주는 겉으로는 태연한 척 미소를 지어 보였다. 그러나 속은 부글부글 끓었다.

세 사람이 돌아가자 공주는 요리사를 불러 마음껏 화풀이를 해댔다. 그날 시종들은 공주가 깨트린 접시들을 치우느라 밤을 꼴딱 새웠다.

숙소로 돌아온 세 사람은 세 개의 돈 가방을 놓고 생각에 잠겼다.

1000만 원이면 생전 처음 만져 보는 큰돈이었다. 자영이가 문득 생각난 듯이 말했다.

"우리 이 돈으로 주식회사를 만들어 보면 어떨까?"

"주식회사?"

원빈이가 두 손을 내저으며 말했다.

"우리가 주식회사를 어떻게 만들어?"

자영이의 두 눈이 반짝반짝 빛났다.

"한국에 있을 때 난 매주 경제 교실에 갔어. 거기서 모의 주식회사를 만들었거든. 이론이라면 다 알고 있어."

자영이 말에 두 사람이 귀를 쫑긋 세웠다.

원빈이가 믿을 수 없다는 듯이 물었다.

"이 돈으로 정말 회사를 만들 수 있어?"

"아니, 주식회사를 만들려면 보통은 자본금이 5000만 원 이상 되어야 해. 우리 돈을 모두 모으면 3000만 원이니까 나머지 2000만 원을 더 댈 사람을 끌어들이자."

자영이는 자기가 알고 있는 주식회사에 대해 설명했다.

주식회사는 여러 사람이 돈을 모아서 만든 회사다. 한국에서는 일정한 금액의 자본금과 세 사람 이상 모이면 주식회사를 설립할 수 있다.

돈을 출자한 사람을 주주라고 한다. 주주들 중에서 대표이사를 뽑는다. 또 이사나 감사도 뽑아야 한다. 이사는 한 명 이상이어야 한다. 모든 준비가 끝났으면 정관, 즉 회사의 법을 정한 뒤 법인설립등기를 마쳐야 한다.

자영이의 설명을 들은 민구가 말했다.

"주식회사 설립하는 것도 별로 어렵지 않네."

원빈이가 맞장구를 쳤다.

"그러게 말야. 난 주식회사라고 하면 엄청 대단한 줄 알았거든."

자영이가 웃으며 말했다.

"문제는 어떤 제품을 만들어 파느냐가 중요한 거야. 주식회사는 이익을 남기기 위해 만든 영리 법인이니까."

회사를 차리기로 결정하자, 이번에는 어떤 회사를 차릴지 의논했다.

원빈이가 말했다.

"운동화를 만드는 회사를 차리면 어때? 나 유명상표 운동화 하나 갖는 게 소원이었거든."

자영이가 두 눈을 반짝이며 말했다.

"휴대폰을 만드는 회사를 만드는 건?"

자영이의 생각은 그럴 듯했다. 아직 이 나라에는 휴대폰이 없다. 만들어 놓기만 하면 잘 팔리는 것은 시간문제였다.

민구는 이미 경제 전문가가 다 된 것처럼 말했다.

"그거 좋지. 휴대폰 한 개 파는 것이 운동화 백 켤레 파는 것과 맞먹잖아. 이왕이면 고부가가치 제품을 만드는 게 좋아."

그러나 원빈이는 쉽게 동의하지 않았다.

"하지만 휴대폰은 첨단 기술이 있어야 만들 수 있잖아. 이 나라에서 누가 휴대폰을 만든단 말야!"

원빈이 말이 맞다. 자영이와 민구는 풀이 죽었다. 바로 그때 자영이가 뭔가 생각난 듯이 매고 있던 가방을 내려놓고 뒤지기 시작했다. 민구와 원빈이가 무슨 일인지 궁금해서 자영이에게 다가갔다.

자영이는 가방 안에서 휴대폰 하나를 꺼냈다.

"이거 한국에서 가져온 거야. 내 가방에 들어 있었거든."

휴대폰을 본 민구와 원빈이가 신기한 듯 서로 빼앗아 가며 들여다보았다.

"내가 어디에 있는지 알아야 하기 때문에 엄마가 사 주신 거야. 일종의 감시용이지. 이 나라에는 뛰어난 기술자가 많아. 그 기술자에게 이 휴대폰을 주고 똑같이 만들어 보라고 시키면 돼. 휴대폰을 이 나라뿐만 아니라 주위에 있는 다른 나라한테까지 파는 거야, 어때?"

세 사람은 휴대폰 만드는 회사를 창업하기로 결정했다. 회사 이름은 민구가 제안한 '다터져휴대폰 주식회사'로 정하기로 했다.

하루하루가 바빠졌다.

사무실도 얻어야 하고, 공장도 지어야 했다. 종업원도 뽑아야 했다. 그러나 무엇보다 휴대폰 만드는 기술자를 찾는 일이 급했다.

세 사람은 밥 먹는 시간도 아껴 가며 기술자를 찾으러 다녔다.

세 사람이 휴대폰 만드는 기술자를 찾으러 다닌다는 소식은 곧 공주의 귀에 들어갔다.

공주는 국방부장관을 불러 명령했다.

"우리가 먼저 휴대폰 기술자를 찾아내야 한다. 우리도 휴대폰 만드는 회산지 뭔지를 차리자."

국방부장관이 머리를 긁적이며 말했다.

"휴대폰이 뭔데요?

공주는 이제 일일이 대꾸하기가 귀찮아졌다. 그래서 국방부장관의 말은 무시하고 계속 말했다.

"이 나라에서 기술이 제일 좋은 기술자를 찾아내란 말이다. 분명히 저쪽에서 데려가려고 하겠지? 무조건 몸값을 올려. 저쪽에서 10만 원 준다고 하면 이쪽에서는 20만 원 준다고 해. 넌 그 일만 하면 된다."

국방부장관이 도끼날을 만지며 말했다.

"말 안 들으면 이걸로 그냥 확, 해치울깝쇼?"

세 사람은 열심히 나라 안을 뒤지고 다녔다. 다행히 2000만 원을 투자하겠다는 투자자가 나타났다. 그 투자자는 캡싸다 마트 사장으로 큰돈을 벌어 다른 사업에 손을 대려던 참이었다.

이 나라 최고의 기술자도 찾아냈다. 기술자는 자영이가 준 휴대폰을 낱낱이 분해해 보고는 똑같은 휴대폰을 만들어 냈다.

"당신을 우리 다터져휴대폰 주식회사의 책임기술자로 채용하겠습니다."

자영이가 계약서를 내밀었다. 그러자 기술자는 거만한 얼굴로 말했다.

"내 몸값이 워낙 비싸서요. 3000만 원을 준다면 생각해 보겠소."

"3000만 원? 그건 너무 비싸요. 이곳 사람들이 받는 월급이 한 달에 30만 원인데."

"그렇다면 할 수 없지요. 사실 다른 곳에서도 날 오라는 데가

있긴 했어요."

"거기가 어딥니까?"

세 사람은 휴대폰을 만들려고 하는 회사가 또 있다는 사실에 놀랐다. 하지만 기술자는 입을 다문 채 더 이상 아무 말도 하지 않았다.

숙소로 돌아온 세 사람은 또다시 고민에 빠졌다.

지금 갖고 있는 자본금 5000만 원으로 이 사업을 한다는 것은 도저히 불가능했다.

민구가 맥 빠진 목소리로 말했다.

"그냥 접자. 우리가 무슨 회사를 만든다고."

원빈이도 포기한 눈치였다. 자영이가 민구와 원빈이를 노려보며 말했다.

"너희들한테 실망이야. 사나이가 칼을 뽑았으면 연필이라도 깎아야지. 결심을 했으면 적어도 시도는 해 봐야 하는 거 아냐?"

자영이 말에 민구가 대들었다.

"돈이 없는데 어떻게 시작해? 우리가 가진 돈으로는 어림도 없다고."

"돈이라면 문제없어. 주식을 발행하면 돼."

"주식?"

민구와 원빈이가 똑같이 물었다. 자영이가 고개를 끄덕였다.

"그래, 주식! 너희들 주식이란 말 들어 봤지?"

"그럼! 한국에 있을 때 뉴스 할 때마다 주식 시세가 나왔잖아."

"어휴, 난 주식이니 주가니 하는 말만 들으면 머리가 지끈거려."

원빈이가 고개를 절레절레 흔들었다.

자영이는 주식에 대해 자세히 얘기해 주었다.

"잘 들어. 우리가 휴대폰을 만들기로 하고 회사를 설립했잖아? 그런데 결정적으로 돈이 부족한 거야. 이럴 때는 다른 사람들에게 회사의 몫을 팔아서 돈을 모으는 거야. 이게 바로 주식이지. 주식이란 건 투자한 금액을 종이에 써서 주는 걸 말해. 이 주식은 다른 사람에게도 팔 수가 있어. 주식이란 건 그 회사를 얼마만큼 소유하고 있다는 소유권이야. 만약 100만 원어치의 주식을 갖고 있다면 그 회사에 대해 100만 원 만큼의 소유권을 갖고 있다는 뜻이지. 만약 우리가 휴대폰을 만들어서 팔아 100만 원의 이익을 얻으면 투자자들에게도 그 이익금을 나눠 주는 거야. 만약 그럴 리는 없겠지만 우리 회사가 망하게 되면 투자자 돈도 허공에 날아가는 거지. 그럼 누가 투자를 하겠느냐고? 우리가 누구니? 우린 이 나라에 경제를 심어 준 경제 전도사들이잖아. 우리가 만드는 휴대폰은 이 나라에서 선풍적인 인기를 끌 거야. 이 사업이 확실히 성공한다고 믿는 투자자들이 얼마든지 있을 거야. 이곳 사람들 중에는 돈을 많이 벌어서 투자할 곳을 찾는 사람들이 많을 테니까 말이야. 주식을 발행하기 전에 먼저 해야 할 게 있어. 증권 시장을 만들어야 돼. 모든 주식은 증권 시장에서 사고팔거든. 또 증권을 사고파는 사람들을 연결시켜 주는 증권 회사도 있어야겠지. 우리 하나씩 차근차근 시작하자."

먼저 세 사람은 회사의 경영에는 손을 대지 않기로 했다. 그 대신 이 나라에서 가장 똑똑한 사람을 CEO로 뽑았다. CEO란 최고경영자란 뜻으로, 말하자면 대표이사인 셈이다.

CEO 제도는 미국에서 처음 생겼다. 밖으로는 그 회사를 대표하고 안으로는 이사회를 모집할 수 있으며 회사 업무를 결정하는 일을 한다.

이렇게 해서 이 나라 최초의 주식회사인 '다터져휴대폰 주식회사'가 설립되었다. 회사 주식을 공모한다는 소식이 전해지자 투자자들이 구름처럼 모여들었다. 회사는 5000원짜리 주식을 발행했다. 그러나 주식은 하루가 다르게 치솟아 한 주당 10만 원에 이르렀다. 주식을 산 사람은 5000원짜리 주식을 사서 10만 원에 팔게 되었으니 어마어마한 이익을 남기게 된 것이다.

세 사람이 찾아와 주식을 발행하겠다고 했을 때 공주는 하마터면 기절할 뻔했다. 이쯤 해서 세 사람이 모든 걸 포기하고 한국으로 돌아갈 거라고 생각했었다. 그런데 주식회사를 만들고 거기다 주식까지 공모한다니, 믿을 수가 없었다.

'이것들이 제정신이야? 안 되겠다. 마법을 써서 확 지구로 돌려보내? 아니면 그것들의 기억을 모조리 빼먹어 버려?'

공주는 특기인 잔머리를 굴리기 시작했다.

공주는 당장 재정부장관을 불러들여 돈이 가득 들어 있는 보따리를 주며 말했다.

"지금 당장 가서 다터져휴대폰 주식회사 주식을 사들여라. 주식의 51퍼센트를 사들여야 한다."

재정부장관은 도대체 무슨 말인지 못 알아듣겠다는 얼굴로 물었다.

"주식이 뭡니까? 또 51퍼센트가 어느 정도입니까?"

"으이구, 너한테 시킨 내가 잘못이지. 자 지금부터 내가 하는 말 잘 들으란 말이다. 다터져휴대폰 주식회사가 주식시장에서 주식을 발행할 것이다. 만약 100주를 발행하면 그중 51주를 사란 말이다. 그렇게 되면 다터져휴대폰 주식회사의 주인은 내가 된다 이 말이야. 비록 회사 경영은 다른 사람이 하게 되겠지만, 실제 주인은 나니까 주식 총회 때 내가 시키는 대로 해야 할 거야."

재정부장관이 공주를 뚫어져라 보았다. 공주가 말을 하다 말고 재정부장관을 보았다.

"왜 그러느냐? 내 얼굴에 뭐가 묻었느냐?"

"그런데 주식을 왜 삽니까?"

재정부장관이 말했다. 공주가 자기 가슴을 주먹으로 치며 말했다.

"어구, 내 가슴이야. 주식은 그 회사에 대한 몫, 그 회사에 대해 얼마만큼의 권리를 갖고 있느냐 하는 것을 종이에 쓴 것이란

말이다. 주식 가격은 매일 바뀌기 때문에 얼마가 되는지는 나도 모르고 용하다할멈도 몰라."

"정말이에요? 정말 용하다할멈도 모른단 말입니까?"

"그렇다니까."

"그걸 공주님이 어떻게 아세요?"

재정부장관이 공주 얼굴을 유심히 들여다보며 물었다. 공주가 당황해서 대답했다.

"그, 그러니까 내, 내말은 용하다할멈도 모를 거다, 이 말이다."

재정부장관은 계속 집요하게 공주를 들여다보며 말했다.

"공주님, 이상합니다요."

"뭐가?"

"제가 알던 공주님은 이렇게 똑똑하지 않으셨는뎁쇼?"

공주는 호들갑스럽게 웃으며 말했다.

"이 나라를 살리기 위해 내가 공부를 좀 했지. 너 모르는구나? 나 밤마다 책 읽어. 공부 많이 해."

그제서야 재정부장관이 이를 드러내며 씨익 웃었다.

"이제 이 나라 주인은 공주님이십니다요. 충성을 다하겠습니다요."

재정부장관의 말에 공주는 씨익 웃었.

그렇게 해서 다터져휴대폰 주식회사의 소유권은 아무도 모르게 공주에게로 넘어갔다.

죽음빌라를 탈출한 공주

오늘도 수정거울은 용하다할멈의 일거수일투족을 비추고 있었다.

"용하다할멈이 저 지구인들을 없앨 모양이야. 어떡하면 좋지? 어떡하면 좋아?"

진짜 공주는 발을 동동 굴렀다. 있는 힘껏 문을 발로 차 보기도 하고, 사정없이 벽을 두드려 보기도 했다. 하지만 소용없는 일이었다.

이제는 힘도 없어서 쓰러질 지경이었다. 아무런 희망도 없었다. 이 나라를 살리기 위해 이곳까지 왔건만, 이제 이렇게 죽고 마는구나!

진짜 공주의 쪼글쪼글한 얼굴에 눈물이 흘렀다. 눈물은 한 방울 한 방울 주름살 사이를 타고 흘러내려 바닥에 떨어졌다.

"공주님, 미미 공주님."

진짜 공주가 힘없이 앉아 있는데 어디선가 공주를 부르는 소리가 들렸다. 진짜 공주는 두리번거렸다. 그러나 아무도 보이지 않았다.

"누구세요?"

진짜 공주는 가까스로 몸을 일으키며 물었다.

"수정거울입니다."

진짜 공주는 수정거울 앞으로 다가갔다.

"왜 지금껏 아무 말도 하지 않았지?"

"그건 제가 마법에 걸려 있었기 때문이랍니다."

"그럼 어떻게 마법을 풀었니?"

"방금 공주님이 흘린 그 눈물 덕분에 제 마법이 풀렸답니다. 용하다할멈은 지금까지 단 한 번도 눈물을 흘린 적이 없거든요. 그래서 인간의 눈물이 마법을 풀리게 한다는 사실도 몰랐을 거예요. 어쨌든 고맙습니다, 미미 공주님."

진짜 공주는 조금은 마음이 놓였다. 하지만 여전히 걱정거리는 없어지지 않았다.

"너도 알고 있지? 용하다할멈이 이 나라를 통째로 삼키려고 해. 어떡하면 좋겠니?"

"그거야 간단한 문제죠. 공주님께서 이 죽음빌라를 나간 후

용하다할멈과 싸워 이기면 됩니다."

진짜 공주는 한숨을 푹 내쉬었다.

"알아. 하지만 사방이 꽉 막혀 있는데 어떻게 나가지?"

수정거울은 아무 말도 하지 않았다. 한참 시간이 흘렀다. 갑자기 수정거울이 소리쳤다.

"아흔아홉 명의 무사들은 이곳을 빠져나가는 방법을 알고 있을지도 몰라요."

"아흔아홉 명의 무사들?"

진짜 공주의 눈이 커졌다.

수정거울은 다음과 같은 얘기를 해 줬다.

지금까지 이곳 죽음빌라에 잡혀 온 사람들은 헤아릴 수 없을 정도로 많았다. 용하다할멈은 그 사람들의 기억을 빼먹고 몸만 돌려보냈다. 하지만 기억을 빼먹을 수 없는 사람들이 있었다. 무술 솜씨가 뛰어나고 용감한 무사들이었다. 용감한 무사들의 기억을 먹으면 용하다할멈은 이상하게 두통을 앓았다. 그래서 그 아흔아홉 명의 무사들 기억은 먹지 않고 항아리에 넣어 두었다.

용하다할멈은 이 죽음빌라를 나갈 때 그 항아리가 있다는 사실을 잊고 있었다. 수정거울은 그 기억 항아리가 부엌 찬장에 있다는 사실을 알려 주었다.

"하지만 그 기억 항아리가 어떻게 날 이곳에서 빼내 준단 말이니?"

진짜 공주는 의심 가득한 얼굴로 물었다. 그러자 수정거울이 자신만만한 목소리로 대답했다.

"그 아흔아홉 명의 무사들 중에 분명히 이곳으로 통하는 비밀 통로를 알고 있는 무사가 있었거든요. 분명히 이 죽음빌라에는 비밀 통로가 있어요."

수정거울의 말을 들은 진짜 공주는 고개를 끄덕였다.

진짜 공주는 찬장이 있는 부엌 쪽으로 당장 달려갔다.

찬장에는 먼지가 하얗게 쌓여 있었고, 거미줄이 어지럽게 쳐져 있었다. 진짜 공주는 거미줄을 거둬 내고 찬장 문을 열었다.

찬장 두 번째 칸에 작은 항아리 한 개가 놓여 있었다. 진짜 공주는 떨리는 손으로 항아리를 내렸다.

"이제 그 뚜껑을 여세요, 공주님."

수정거울이 말했다. 진짜 공주는 두려웠다. 온몸이 전기에 감전된 것처럼 굳어졌다.

"넌 왜 날 도와주려고 하는 거지? 네 주인은 용하다할멈이잖니?"

진짜 공주가 수정거울을 보며 물었다.

"저는 이제 그 할망구한테 질렸거든요. 그리고 부탁이 있어요, 미미 공주님."

"부탁?"

"예. 만약 여기서 나가시게 되면 절 궁궐로 데려가 주세요. 여긴 정말이지 생각만 해도 끔찍한 곳이에요. 구질구질하고 냄새나요. 저도 번쩍번쩍하는 궁궐에서 살고 싶거든요. 그리고 이건 비밀인데요, 용하다할멈을 나한테 비추면 요술이 풀리거든요. 내가 진짜 용하다할멈을 찾아낼 수 있다고요."

진짜 공주는 빙긋 웃으며 말했다.

"이곳에서 나가기만 한다면 널 꼭 구해 줄게!"

진짜 공주가 항아리 뚜껑을 열자 놀라운 일이 일어났다. 거대한 폭풍 같은 바람이 항아리 안에서 쏟아져 나왔다. 벽에 걸린 그림을 떨어트리고, 창문을 덜컹거리게 하고, 식탁을 뒤집어 놓는 거센 바람이었다.

진짜 공주는 바람에 휩쓸려 넘어지지 않도록 벽에 찰싹 달라붙었다.

한바탕 바람이 휩쓸고 간 방 안은 엉망진창이었다. 의자 다리는 부러졌고 옷장은 문짝이 떨어져 나갔다. 찬장에 있던 그릇들은 다 쏟아져 깨졌고 벽에 걸린 그림들도 떨어져 산산조각이 났다.

정신을 차린 진짜 공주는 사방을 둘러보고는 한숨을 내쉬었다. 그때까지 진짜 공주는 어떤 일이 일어났는지 알아차리지 못했다. 바람만 한바탕 휩쓸고 지나갔을 뿐, 사방이 조용했기 때문이다.

잠시 후, 사방에서 구시렁거리는 말소리가 들려오기 시작했

다. 처음에는 여러 사람이 웅성거리는 소리 같았는데 조금 시간이 지나자 사람의 말소리가 분명하게 들렸다.

"여긴 어디지? 왜 이렇게 지저분해?"

"용하다할멈, 목을 내 놓거라."

"빨리 집으로 돌아가서 저녁 먹어야 할 텐데."

"아! 여긴 악몽 계곡에 있는 죽음빌라야."

"제발 목숨만 살려 주세요."

"난 죽기 싫어. 도망가자."

"내 몸 어디 갔어?"

"앗, 저기 용하다할멈이 있다. 용하다할멈을 해치우자."

"꼼짝 마라, 용하다할멈. 내 칼을 받아랏!"

목소리들은 점점 더 커져서 집 안을 가득 채웠다. 수정거울이 큰 소리로 말했다.

"모두들 조용, 조용히 하세요!"

그러자 목소리들이 뚝! 그쳤다.

"여기 계신 분은 용하다할멈이 아니라 미미 공주님이세요. 용하다할멈이 미미 공주의 몸을 빼앗아 갔습니다. 자, 여러분. 궁궐에 있는 용하다할멈을 잡아야 합니다. 여기 있는 미미 공주에게 비밀 통로를 알려 주세요. 자, 누가 알고 있나요?"

여기저기서 목소리들이 웅성거렸다. 잠시 후 굵고 낮은 목소리가 말했다.

"바로 나요. 내가 알고 있소이다."

진짜 공주는 소리 나는 쪽을 보았다. 목소리는 벽난로가 있는 쪽에서 나고 있었다.

"그대는 누구요?"

"난 궁궐 근위대장이오. 내 임무는 공주님을 지켜 드리는 것이었소."

공주는 그 목소리가 귀에 익는다고 생각했다. 어려서부터 공주를 지켜 주던 근위대장이 작년부터 보이지 않았다. 그러나 목소리만으로 믿을 수가 없었다.

"근위대장이라면 내가 언제 어디에 갔었는지 잘 알고 있을 것이다."

공주는 목소리가 들리는 쪽을 향해 말했다.

"물론 다 알고 있습니다."

"그럼 내 열 번째 생일날 어떤 일이 일어났었는지도 알고 있느냐?"

열 번째 생일날, 공주는 혼자서 말을 타고 숲 속을 달렸었다. 뒤에서 근위대장이 공주를 지켜 주기 위해 따라왔다. 말을 타고 달리던 공주가 나뭇가지에 걸리는 바람에 말에서 떨어졌다. 하지만 근위대장이 몸을 날려 말에서 떨어지는 공주를 받았다. 그 날 공주는 근위대장의 말을 함께 타고 궁궐로 돌아왔다. 그 일은 공주와 근위대장 외에 아무도 아는 사람이 없었다.

근위대장 목소리가 잠잠해졌다. 진짜 공주는 목이 탔다.

잠시 후, 근위대장 목소리가 물었다.

"아무리 봐도 당신이 진짜 공주라는 사실을 믿을 수가 없소이다. 내가 보기에는 당신이 바로 용하다할멈 같은데?"

근위대장 목소리가 의심이 가득 담긴 목소리로 말했다.

진짜 공주가 목소리 쪽으로 한 발 다가서면서 말했다.

"열 번째 생일 날, 난 연두색 원피스에 머리엔 연두색 모자를 쓰고 있었다. 연두색은 내가 제일 좋아하는 색이지. 근위대장이 말에서 떨어진 날 구해 주지 않았느냐? 그때 내 오른쪽 새끼손가락 손톱이 부러졌을 뿐 다친 곳은 한 군데도 없었다. 다 근위대장 덕분이었다."

근위대장 목소리가 울먹이며 소리쳤다.

"공주마마, 어쩌다가 이 지경이 되셨사옵니까?"

"꾸물거릴 시간이 없다. 어서 이곳에서 빠져나가야 한다."

진짜 공주가 말했다.

근위대장 목소리가 소리쳤다.

"자, 여러분. 공주를 도웁시다! 그 사악한 용하다할멈한테서 이 나라를 지킵시다!"

목소리들이 일제히 "와!" 하고 소리쳤다.

근위대장 목소리가 공주를 향해 말했다.

"자, 공주님. 저를 따라오시지요."

공주는 목소리를 따라가려고 했다. 그러나 아무것도 보이지 않아 어디로 가야 할지 알 수가 없었다. 근위대장 목소리는 노래를 불렀다. 공주는 노랫소리를 따라갔다.

♬악몽 계곡 죽음빌라에는 늙은 할망구가 살고 있다네.
사람의 기억을 먹고 사는 아주 흉악한 할망구라네.
할망구 엉덩이는 푹 삶은 늙은 호박!
삶은 호박에 이도 안 박힐 짓만 하고 다니지. ♬

비밀 통로는 아무도 생각하지 못하는 곳에 있었다. 바로 쓰레기통 속이었다. 쓰레기통은 온갖 더러운 쓰레기로 가득했다. 구더기와 온갖 벌레들이 바글거렸다.

근위대장 목소리가 쓰레기통 속으로 들어가라고 했을 때 진짜 공주는 한걸음 뒤로 물러났다. 그 냄새나고 더러운 쓰레기통 속으로 어떻게 들어간단 말인가!

"이 죽음빌라에서 비밀 통로는 오직 이곳 한 곳뿐입니다. 아무리 더러워도 이곳을 통과해야만 합니다."

우물쭈물할 시간이 없었다. 공주는 과감하게 쓰레기통 속으

로 몸을 날렸다. 쓰레기통은 우물처럼 깊었다. 공주의 몸은 아래로, 아래로, 아래로, 아래로, 아래로 사정없이 떨어졌다.

남느냐, 떠나느냐

　이 나라 사람들에게 오늘은 평생 잊지 못할 날이다. 이 나라가 생긴 지 5000년이 되는 날이기 때문이다. 5000년 동안 이 나라 사람들은 무진장기계 덕분에 편하게 살아왔다.
　무진장기계가 멈춘다는 말을 처음 들었을 때 사람들은 세상이 끝나기라도 하는 것처럼 불안해 했다. 그러나 지금은 다르다. 사람들 얼굴에는 생기가 돌고 웃음꽃이 피었다.
　시계는 이제 1분만 남겨 두고 있다. 이제 1분 후면 무진장 기계는 영원히 멈출 것이다.
　어젯밤 세 사람 중 누구도 잠을 이루지 못했다. 이제 이곳을 떠나야 할 시간이 가까웠기 때문이다.
　세 사람은 더 이상 처음 이곳에 왔을 때의 철없는 아이들이 아니었다. 자영이, 원빈이, 민구는 전혀 다른 사람으로 변해 있었다. 세 사람은 한 나라를 구한 진짜 구원자가 된 것이다.

기념식이 시작되었다.

왕이 공주와 함께 사람들 앞에 모습을 드러냈다. 그 뒤에 잘 차려입은 세 사람이 나타났다.

"왕 만세!"

사람들이 함성을 질렀다. 왕은 기분 좋은 듯 사람들을 향해 손을 흔들었다.

공주는 얼음처럼 차가운 얼굴로 사람들을 내려다보았다.

'흥! 너희들이 언젠가는 공주마마 만세라고 부를 날이 올 것이다. 미련한 백성들!'

왕은 큰 소리로 사람들을 향해 말했다.

"이 나라 백성들은 들으라. 이제 우리나라는 무진장기계 없이도 살 수 있게 되었다. 모든 백성들이 힘을 모아 부지런히 일 해서 부자 나라를 만들도록 하라. 또한 우리는 여기 세 사람의 은혜를 잊어서는 아니 될 것이다."

"왕 만세!"

"구원자 만만세!"

사람들이 더 큰 소리로 함성을 질렀다. 세 사람은 사람들을 향해 손을 흔들어 주었다. 공주를 위해 만세를 부르는 사람은 아무도 없었다. 공주는 으드득, 이를 갈았다.

궁궐 안에서는 성대한 잔치가 벌어졌다. 공주는 화려한 드레스를 차려 입고 값비싼 장신구를 걸쳤다. 눈부시게 아름다웠다.

사람들이 맛있는 음식을 먹고 춤을 추는 동안 왕은 의자에 앉아 꾸벅꾸벅 졸았다.

공주가 세 사람이 있는 쪽으로 다가왔다. 민구가 재빨리 일어나 공주를 위해 의자를 빼 주었다. 공주는 우아하게 의자에 앉았다.

"그대들을 위해 우주선을 준비해 두었다. 오늘 밤에 푹 쉬고 내일 날이 밝는 대로 지구로 돌아가도록 하여라."

공주의 말에 자영이는 먹던 과일을 내려놓았다. 원빈이는 고기를 씹고 있다가 딱 멈췄고, 민구는 하마터면 물을 엎을 뻔했다.

그 모습을 본 공주가 의아한 얼굴로 물었다.

"그대들은 고향으로 돌아가는 게 기쁘지 않은가?"

자영이가 말했다.

"기쁘지요, 기쁘다마다요."

자영이는 억지로 얼굴에 웃음을 지어 보였다. 그러나 어딘지 모르게 뜨악한 웃음이었다. 원빈이도 마찬가지였다. 원빈이는 아까부터 벌레 씹은 얼굴로 앉아 있었다.

"물론 기뻐할 줄 알았다. 참, 그리고 민구!"

공주가 민구 쪽을 보았다. 민구가 놀라 딸꾹질을 하기 시작했다.

"그대가 원한다면 이곳에 남아도 좋다. 원한다면 나하고 결혼해서 이 나라를 함께 다스릴 수도 있지."

공주의 말에 민구는 물론 자영이와 원빈이도 깜짝 놀랐다. 딸꾹! 딸꾹! 민구가 계속 딸꾹질을 해댔다. 공주가 웃으며 말했다.

"민구가 나를 좋아한다는 것을 알고 있다. 어떠냐? 내 제의를 받아들이겠느냐?"

민구는 여전히 딸꾹질만 할 뿐 아무 대답도 하지 못했다.

공주가 계속 말했다.

"여기에 남아서 나와 결혼해 이 나라를 함께 다스리든지 아니면 지구로 돌아가 빨간 딱지가 덕지덕지 붙은 집에서 불안하게 살든지 그건 그대가 결정하라."

민구는 물 한 컵을 다 마셨다. 자영이와 원빈이가 민구를 보았다. 민구 얼굴은 점점 더 빨개졌다.

공주가 빙그레 웃으며 말했다.

"이것이 바로 경제에서 말하는 기회비용 아니겠니? 사람은 누구나 뭔가를 선택해야 할 때가 있는 거지. 만약 민구가 나와 결혼해서 이 나라를 다스리게 되면 고국에 있는 가족과 친구들을 잃게 될 것이다. 하지만 나를 버리고 고국으로 돌아가면 이 아름다운 미모의 공주도 잃고 또 온갖 부귀영화도 잃는 것이지. 그래서 순간의 선택이 평생을 좌우한다는 말도 나온 거 아니겠니? 자, 어떤 걸 선택할래?"

사방이 찬물을 끼얹은 것처럼 조용해졌다. 왕은 꾸벅꾸벅 졸고 있을 뿐이었다.

누군가 침을 꼴깍 삼키는 소리가 들렸다.

공주가 말했다.

"여기서 결정하기 어려우면 뭐, 내일 아침까지 결정해도 좋고."

"저, 저기, 고, 공주님. 지, 지금 말씀드려도 되겠습니까?"

민구가 심하게 더듬거리며 말했다. 공주는 물론 자영이와 원빈이가 긴장한 얼굴로 민구를 보았다.

민구가 자리에서 벌떡 일어났다.

"전, 전 공주님과……."

바로 그때였다.

♪악몽 계곡 죽음벌라에는 늙은 할망구가 살고 있다네.

사람의 기억을 먹고 사는 아주 흉악한 할망구라네.

할망구 엉덩이는 푹 삶은 늙은 호박!

삶은 호박에 이도 안 박힐 짓만 하고 다니지. ♪

어디선가 노랫소리가 들려왔다. 공주 얼굴이 흉하게 일그러졌다.

"방금 노래한 자가 누구냐?"

식사를 하던 손님들은 서로 얼굴을 멀뚱멀뚱 바라보았다. 노랫소리는 여기저기서 들려왔다. 그리고 마침내 합창 소리로 들려왔다.

사람들이 웅성거렸다. 참다못한 공주가 식탁 위에 있는 그릇들을 집어 허공에 마구 던졌다.

"그만! 그만두지 못하겠느냐!"

갑작스러운 공주의 행동에 모두들 어리둥절한 표정들이었다.

"공주님, 왜 그렇게 화를 내세요?"

옆에 앉아 있던 민구가 접시를 마구 던지는 공주를 말렸다. 공주 얼굴은 이미 공포와 분노로 가득 차서 기괴하게 변해 있었다.

"누가 감히 왕이 계신 신성한 자리에서 노래를 부르는 게냐?

당장 나와라."

공주가 바락바락 소리를 질렀다.

"바로 나요."

문이 열리고 용하다할멈이 들어왔다. 용하다할멈을 본 공주 얼굴은 하얗게 질렸다. 가까스로 정신을 차린 공주가 병사들에게 소리쳤다.

"당장 저 요망한 할멈을 내쫓아라."

병사들이 창을 들고 용하다할멈에게 달려들었다. 바로 그때, 용하다할멈이 소리쳤다.

"잠깐, 멈춰라!"

그 소리가 어찌나 큰지 병사들이 그 자리에 멈춰 섰다.

"이 나라 미미 공주의 이름으로 명령한다. 용하다할멈은 내 몸을 돌려주고 어서 죽음빌라로 돌아가거라."

사람들이 웅성거렸다. 이런 소란 속에서도 왕은 여전히 꾸벅꾸벅 졸고 있었다.

공주가 당황해서 소리쳤다.

"무슨 헛소리냐? 이 나라 공주는 나다. 내가 바로 미미 공주다."

소란스러운 소리에 왕이 눈을 번쩍 떴다.

왕은 지금 어떤 일이 벌어지고 있는지 모르고 있었다. 왕은 졸린 목소리로 말했다.

"왜 이리 소란스러운고?"

"아바마마!"

용하다할멈이 왕에게 다가가려고 했다. 병사들이 창을 들이대며 막았다. 왕이 얼굴을 찡그리며 말했다.

"저 할망구는 누구길래 나보고 아바마마라고 부르는 게냐? 에이, 뭐가 이렇게 엉망진창이란 말이냐?"

공주가 씨익 웃었다.

용하다할멈이 안타깝게 소리쳤다.

"아바마마 옆에 있는 저 여자는 공주가 아니라 용하다할멈입니다. 제 몸을 바꿔치기 했습니다."

공주가 말했다.

"아니옵니다, 아바마마. 제 얼굴을 보십시오. 제가 아바마마의 딸 미미 공주입니다."

모든 게 뒤죽박죽이었다. 왕은 용하다할멈이 미미 공주인지, 미미 공주가 용하다할멈인지 알 수가 없었다.

"그~만!"

왕이 버럭 소리를 질렀다.

모두들 입을 꾹 다물었다. 왕이 손가락을 입술에 가져다 대며 말했다.

"쉿! 시계가 멈출 시간이다. 조용히들 하여라."

주위가 찬물을 끼얹은 것처럼 조용해졌다.

시종이 시계를 가린 천을 거뒀다. 시계의 초침이 42에 가 있었다.

카운트다운이 시작되었다.

"사십이, 사십일, 사십, 삼십구……."

사람들 얼굴에 긴장감이 흘렀다. 누군가 침을 꼴깍 삼켰다.

시종이 마지막 숫자를 외쳤다.

"영!"

사람들이 일제히 함성을 질렀다.

"와~아!"

서로 부둥켜안고 즐거워하는 사람들, 감격의 눈물을 흘리는 사람들 속에서 세 사람은 흐뭇한 얼굴로 서 있었다.

자영이, 원빈이, 민구는 처음 이곳에 왔었던 그날을 생각하고 있었다.

무진장기계가 멈추면 꼼짝없이 굶어 죽게 될 사람들이었다. 일을 할 줄도, 돈이 뭔지도 몰랐던 사람들에게 세 사람은 많은 것을 가르쳐 주었다. 가르쳐 주면서 세 사람도 많은 것을 배웠다.

사람들은 무진장기계가 없이도 살 수 있게 되었다. 그건 이제 세 사람이 이곳을 떠나야 할 시간이 되었다는 것을 의미했다.

그러나 세 사람에게는 아직 해야 할 일이 남아 있었다. 미미 공주와 용하다할멈, 용하다할멈과 미미 공주의 정체를 밝혀야 하는 일이다.

자영이가 수상쩍은 눈빛으로 공주를 보며 말했다.

"어쩐지 수상하다 했어. 사사건건 사고 칠 때부터 알아봤지. 공주는 용하다할멈이 틀림없어."

그러자 원빈이가 고개를 끄덕이며 맞장구쳤다.

"자영이 말이 맞다. 지금 공주는 용하다할멈이고, 저 쭈글쭈글한 할망구가 공주였어. 왠지 그런 느낌이 팍 온다."

하지만 민구의 생각은 달랐다. 민구는 끝까지 지금의 공주가 진짜 공주라고 믿고 싶었다.

"아냐. 너희들이 잘못 생각한 거야. 그럴 리가 없어. 저 할망구가 가짜라고."

미미 공주와 용하다할멈의 싸움이 자영이와 원빈이, 민구의 싸움으로 이어졌다.

왕은 머리가 어질어질했다. 어서 폭신폭신한 침대에 들어가 자고 싶은 생각뿐이었다.

"잠깐, 제가 모든 걸 밝히겠습니다."

문 쪽에서 우렁찬 목소리가 들려왔다. 모든 사람이 문 쪽을 보았다. 크고 잘 생긴 한 남자가 문 앞에 서 있었다. 근위대장이었다. 그 뒤에는 아흔여덟 명의 무사들이 서 있었다.

근위대장은 왕 앞으로 씩씩하게 걸어왔다.

"전하, 저를 기억하시겠사옵니까?"

왕이 눈을 가늘게 뜨고 근위대장을 보았다. 그러나 잘 알아보지 못했다. 왕 옆에 서 있던 공주도 근위대장을 알지 못했다.
　근위대장은 왕 옆에 서 있는 공주에게 물었다.
　"진짜 공주라면 제가 누군지 아시겠지요?"
　공주는 근위대장을 보자 당황했다. 어디선가 본 적이 있는 것 같은데 도무지, 생각이 나질 않았다.
　공주는 자신 없는 목소리로 말했다.
　"내가 널 왜 모르겠느냐? 넌, 넌."
　누군가 침을 꼴깍 삼켰다. 공주는 그 짧은 시간에 뒤죽박죽인 머릿속을 정리하기 시작했다. 어디서 봤더라? 어디서 봤더라?
　"왜 말을 못하시오. 빨리 대답하시오. 내가 누굽니까?"
　공주는 근위대장을 자세히 뜯어보았다. 그때 옆에 서 있던 재정부장관이 공주만 들을 정도의 작은 목소리로 '근위대장'이라고 속삭였다.
　"근위대장 아닌가? 어디 갔다 이제 왔느냐? 내가 널 얼마나 애타게 찾았는지 아느냐?"
　근위대장의 얼굴에 실망한 표정이 드러났다. 공주는 재빨리 병사들에게 명령했다.
　"여봐라. 뭣들 하느냐? 어서 저것들을 당장 감옥에 가둬서 다시는 바깥 구경을 못하도록 하여라."
　병사들이 우르르, 용하다할멈과 근위대장을 에워쌌다. 그때 근위대장이 팔을 번쩍 쳐들고 말했다.

"저 사람은 공주가 아닙니다. 이제부터 그 증거를 보여 드리겠습니다."

근위대장이 신호를 보내자 아흔여덟 명의 건장한 무사들이 들어왔다. 맨 앞에는 무사 두 명이 커다란 수정거울을 들고 들어왔다. 수정거울을 본 공주가 새파랗게 질렸다.

"그건 무슨 거울인고? 또 저 자들은 다 누구냐?"

왕이 얼굴을 찡그리며 물었다.

근위대장이 말했다.

"이 거울은 용하다할멈의 수정거울입니다. 이 거울에 저 용하다할멈을 비춰 보십시오. 이 수정거울은 본래 자기의 모습을 비춰 줍니다."

그 말이 끝나자마자 용하다할멈이 재빨리 거울 앞으로 다가갔다.

당황한 공주가 소리쳤다.

"여봐라. 뭣들 하느냐? 저것들을 당장 내쫓아라."

하지만 병사들은 아무도 움직이지 않았다. 이미 거울 속에는 공주의 모습의 비춰졌던 것이다.

이번에는 근위대장과 아흔여덟 명의 무사들이 수정거울을 들고 공주 앞으로 걸어갔다. 공주의 얼굴이 사색이 되었다. 공주가 도망치려고 뒤돌아섰다. 그러자 날쌘 무사들이 날아와 공주 앞을 가로막았다.

무사들은 공주 앞에 수정거울을 갖다 댔다. 수정거울은 쪼글쪼글한 얼굴에 펑퍼짐한 몸매, 사악하고 심술궂은 표정의 할멈을 비춰 주었다.

"아니, 이럴 수가!"

사람들이 웅성거리기 시작했다.

그러자 놀랄 만한 일이 벌어졌다. 용하다할멈이 공주가 되고, 공주가 용하다할멈으로 변하기 시작한 것이다. 0.24초 뒤에 두 사람의 몸은 완전히 뒤바뀌었다.

진짜 용하다할멈이 된 용하다할멈이 소리를 버럭 질렀다.

"두고 보자. 이 원수는 반드시 갚고 말겠다."

용하다할멈이 주문을 외우자 눈 깜짝할 사이에 그 자리에서 사라졌다. 사람들이 웅성대기 시작했다.

"도대체 어떻게 된 일이냐?"

왕이 소리쳤다. 왕의 뺨은 예전처럼 다시 부풀어 올랐다. 마법에서 풀린 듯 얼굴과 눈에는 생기가 돌았다.

공주가 왕 앞으로 걸어와 눈물을 글썽이며 말했다.

"아바마마! 제가 미미 공주입니다."

왕은 공주에게 손을 내밀었다. 그제서야 공주를 알아본 왕은 기쁨의 눈물을 흘렸다.

근위대장과 아흔여덟 명의 무사들은 사라진 용하다할멈을 잡기 위해 번개같이 궁궐을 빠져나갔다.

"자자, 이제 용하다할멈은 저 근위대장과 무사들에게 맡기고 우린 잔치를 계속하자. 오늘은 우리 미미 공주를 다시 찾은 날이다. 또 무진장기계가 멈춘 날이다. 오늘의 이 나라가 있기까지 수고한 세 사람을 위해 모두가 건배!"

사람들이 술잔을 높이 들었다. 세 사람도 음료수 잔을 들었다.

공주가 세 사람에게 다가왔다.

"여러분 반갑습니다. 수정거울을 통해 여러분의 활약상을 모두 봤습니다. 정말 큰일을 해냈습니다. 감사합니다."

원빈이와 자영이, 민구는 머쓱해진 표정으로 공주를 바라보았다. 방금 전에 있었던 그 공주와 생김새는 똑같았다. 하지만 말투나 표정은 너무도 달랐다.

"진짜 공주님을 뵙게 되어 영광입니다."

자영이가 공손하게 인사했다. 그러자 원빈이도 얼떨결에 고개를 숙이며 말했다.

"진짜로 진짜 공주님 맞아요?"

민구는 아직도 눈앞에서 일어난 일을 믿을 수 없다는 듯이 멍청한 얼굴로 서 있었다.

용하다 할멈을 잡아라

어느 한적한 시골 마을.

한 농부가 말이 끄는 마차에 식구들과 짐을 가득 싣고 힘없이 걷고 있었다. 원유가 나오는 땅을 판 바로 그 농부였다. 농부는 땅을 판 뒤에야 그 땅이 엄청난 노다지 땅이라는 사실을 알게 되었다. 하지만 아무리 찾아도 그 땅을 산 '노숙자' 라는 여자를 찾을 수 없었다. 농부는 1000원짜리 지폐에 그려진 공주 초상화를 봤을 때, 그 여자와 비슷하다는 생각을 했었다. 하지만 설마 공주가 그 여자일 것이라는 상상은 할 수도 없었다.

노숙자에게 땅을 헐값에 팔아 버린 후, 농부는 새로운 보금자리를 찾아 여기저기 떠돌이 생활을 하던 중이었다.

농부의 마차가 좁은 밭길을 가고 있을 때였다. 앞에서 허름

한 차림의 한 여자가 걸어오고 있었다. 여자는 긴 망토를 머리 끝까지 뒤집어쓰고, 다 찢어진 옷을 입고 있었다.

농부는 마차를 세우고 길을 비켜 주었다. 여자는 고맙다는 말도 없이 농부 옆을 지나갔다.

"잠깐만요."

농부가 여자를 불렀다. 여자가 그 자리에 멈춰 섰다. 농부가 여자에게로 다가갔다.

"어디서 본 것 같은데, 혹시 나 모르겠소?"

농부가 여자 앞으로 다가왔다. 여자가 망토로 얼굴을 가렸다.

머리를 갸우뚱거리던 농부가 손뼉을 탁 쳤다.

"옳지! 이제야 생각났어. 당신은 바로 내 땅을 사 간 그 여자야. 당신 노숙자 맞지?"

여자가 갑자기 망토를 확 젖혔다. 여자는 공주였다. 아니 공주로 변장한 용하다할멈이었다.

궁궐에서 도망쳐 나올 때 용하다할멈은 마지막 마법의 힘을 써서 공주로 다시 변장했다. 그래서 지금은 죽음빌라로 돌아갈 마법의 힘조차 남아 있지 않았다.

"이 사람이 사람 잡네? 내가 언제 당신 땅을 샀다고 그래?"

용하다할멈이 소리쳤다. 농부가 용하다할멈의 망토를 꽉 잡았다. 용하다할멈은 숨이 막혀 캑캑거렸다.

"그래, 바로 당신이야. 누가 모를 줄 알고?"

농부가 다른 한 손으로 주머니에서 종이 한 장을 꺼냈다. 농부는 종이를 용하다할멈 눈앞에 펼쳐 보였다.

농부가 내민 종이에는 공주 얼굴이 그려진 1000원짜리 종이돈 한 장과 이런 글씨가 쓰여 있었다.

현상수배

이름: 용하다할멈
특징: 변장을 잘함.
　　　특히 미미 공주로 변장해서 나쁜 짓을 많이 함

백성들에게 고함
용하다할멈을 잡는 자에게는 1000만 원의 상금을 줌.
－왕－

용하다할멈이 깔깔 웃으며 말했다.

"너 모르는구나? 나, 이 나라 공주야. 여기 돈에도 내 얼굴이 그려져 있잖아."

용하다할멈과 돈을 번갈아 바라보던 농부가 고개를 갸우뚱거렸다.

"거참 이상하네. 공주가 이런 차림으로 돌아다닐 리도 없고."

농부가 머뭇거리고 있는 사이 용하다할멈이 재빨리 농부 앞을 지나갔다.

농부는 현상수배 전단과 1000원짜리 지폐를 번갈아 보며 한참 동안 생각에 잠겨 있었다. 그러는 동안 용하다할멈은 벌써 저 멀리까지 가 버렸다.

"용하다할멈."

농부가 큰 소리로 불렀다.

"왜 불러?"

용하다할멈이 뒤돌아보았다. 농부가 달려가 용하다할멈의 망토를 덥석 잡으며 말했다.

"용하다할멈이 맞네 뭐."

용하다할멈 얼굴이 일그러졌다.

농부는 용하다할멈이 달아나지 못하도록 망토를 꼭 쥐었다. 하지만 용하다할멈은 미꾸라지처럼 슬그머니 망토에서 빠져나왔다.

"내가 너 같은 애송이한테 잡힐 것 같으냐?"

용하다할멈이 콧방귀를 뀌며 말했다.

농부도 만만치 않았다.

농부는 도망가려는 용하다할멈을 몸으로 덮쳐 붙잡았다. 그때 마차에 매여 있던 말이 갑자기 달렸다. 마차가 덜컹거리며 달리기 시작했다. 농부의 식구들이 마차 안에서 비명을 질렀다.

농부는 용하다할멈과 달리는 마차를 번갈아 보며 이러지도 저러지도 못하고 있었다.

"어서 마차를 쫓아가란 말이다, 이 멍청아!"

용하다할멈은 소리쳤다. 농부는 마차가 달려간 쪽을 향해 달리기 시작했다.

용하다할멈이 싸늘한 미소를 지으며 돌아섰다. 바로 그때였다.

"꼼짝 마라!"

근위대장과 아흔여덟 명의 무사가 서 있었다. 용하다할멈은 화들짝 놀라 소리쳤다.

"아이구머니나, 간 떨어질 뻔 했네."

근위대장과 아흔여덟 명의 무사가 용하다할멈을 둘러싸기 시작했다. 근위대장은 한 손에는 항아리를, 한 손에는 긴 칼을 들고 있었다.

"넌 독 안에 든 쥐다."

근위대장이 용하다할멈을 노려보며 말했다. 용하다할멈이 기괴한 소리를 내며 웃었다.

"너희 같은 조무래기들이 감히 날 잡을 수 있을 것 같으냐? 어리석은 것들."

용하다할멈이 본래의 모습으로 변했다. 아흔여덟 명의 무사들은 얼굴을 찡그렸다.

이윽고 근위대장과 아흔여덟 명의 무사 대 용하다할멈의 결투가 시작되었다.

그 근처에 있던 농부와 그 식구들은 아무것도 보지 못했다. 강한 빛이 번쩍거려서 눈을 제대로 뜰 수가 없었기 때문이다.

우르릉 꽝꽝!

쨍그랑 꽈당!

퍽퍽!

파사샤 삭!

공중에서 굉장한 소리가 들려왔다. 그 소리는 천둥소리처럼 무시무시했고, 때로는 소름을 끼치게 할 만큼 끔찍했다.

농부는 도대체 앞에서 어떤 일이 벌어지고 있는지 궁금해서 견딜 수가 없었다. 아주 잠깐 눈을 떴지만, 이내 감아 버리고 말았다. 눈을 뜨고 있다가는 그 강렬한 빛 때문에 눈이 멀게 될지도 몰랐다.

얼마나 지났을까?

주위가 조용해졌다. 너무나 끔찍한 고요였다. 농부와 그 식구들은 조심스럽게 눈을 떴다. 그리고 눈앞 풍경이 눈에 익숙해졌을 때, 일제히 환호성을 질렀다.

근위대장과 아흔여덟 명의 무사가 보무도 당당하게 농부 가족 앞에 서 있었던 것이다.

근위대장은 항아리를 옆구리에 끼고 궁궐로 돌아왔다.

궁궐에서는 왕과 공주, 세 사람이 초조하게 근위대장과 아흔여덟 명의 무사를 기다리고 있었다.

근위대장은 항아리를 왕 앞에 내려놓은 뒤 절을 했다.

"용하다할멈을 여기에 가뒀사옵니다. 이 항아리를 불구덩이 속에 던져 버릴지, 땅속에 묻어 버릴지 명령만 내리시옵소서."

왕이 항아리를 노려보며 말했다.

"당장 저 요망한 할망구를 불구덩이 속에 넣어 버려라."

그러자 옆에 서 있던 공주가 말했다.

"아바마마. 아무리 용하다할멈이 나쁜 짓을 했다지만 저 구원자들을 데려와 우리나라를 살리지 않았습니까? 죽이는 것은 너무 가혹한 벌이라고 생각하옵니다."

공주의 말을 들은 왕은 고개를 끄덕였다.

"그래. 공주의 마음이 비단결 같구나. 그대들 생각은 어떠냐?"

자영이, 민구, 원빈이는 서로 얼굴만 마주 볼 뿐, 누구도 선뜻 대답하지 않았다.

머뭇거리고 있던 원빈이가 말했다.

"지하실 비밀 금고에 숨겨 놓은 돈 다 꺼내고, 이 항아리를 거기 넣어 놓으면 어떻겠어요?"

왕이 갑자기 큰 소리로 웃었다.

"그것 참 좋은 생각이로구나."

공주도 그 의견에 찬성했다.

이렇게 해서 용하다할멈은 궁궐 지하실, 자기가 만든 비밀 금고 속에 갇히게 되었다. 금고 문은 그 누구도 열지 못하도록 단단한 쇠로 막아 놓았다. 그 옆방에는 재정부장관과 국방부장관을 가둬 놓았다.

광장에는 지구로 떠날 우주선이 세 사람을 기다리고 있었다.

처음 이곳에 왔을 때처럼 수많은 사람들이 모여서 떠나는 세 사람을 환송해 주었다. 왕과 공주도 친히 우주선 앞까지 나왔다.

"그대들이 아니었으면 우리나라가 어찌 되었을지 생각만 해도 끔찍하도다. 우리나라 백성들을 살려줘서 정말 고맙다."

왕이 인자한 미소를 지으며 말했다.

"전하, 우린 우리가 알고 있는 이론만 가르쳐 드린 것뿐입니다. 이제부터 이 나라 경제를 잘 이끌어 갈 분은 왕과 공주님이십니다. 부디 이 나라를 이 우주에서 가장 부자로 만드세요."

자영이가 말했다. 왕이 감격스러운 표정으로 고개를 끄덕였다.

"왕님, 저희도 여기에 와서 많은 것을 배웠어요. 이제 집으로 돌아가면 열심히 노력해서 쓰러진 우리나라 농촌을 살기 좋은 곳으로 만들겠습니다."

원빈이의 말에 왕이 더욱 감격스러운 표정으로 고개를 끄덕였다.

"역시 그대들은 똑똑한 사람들이야. 왜 그대들이 이 나라를 살리는 구원자들로 뽑혔는지 이제는 알 것 같도다."

자영이가 생각난 듯이 말했다.

"참, 이 나라 이름을 경제별이라고 짓는 게 어떨까요? 이름이 없다는 건 너무 슬픈일이니까요."

그러자 왕이 고개를 끄덕이며 대답했다.

"경제별? 그것참 좋은 이름이구나. 이름없는나라라는 이름보다는 경제별이라는 이름이 훨씬 좋아. 좋다! 이제부터 우리나라를 경제별이라 칭하겠노라."

민구는 아까부터 한 마디도 하지 않았다. 민구의 얼굴은 잔뜩 굳어 있었다.

왕이 빙그레 웃으며 말했다

"오호, 그대는 집에 가기 싫은 모양이구나."

민구는 공주 앞으로 다가갔다. 공주가 빙긋 웃었다.

"저기, 그때 제가 대답을 못 했는데요."

모두들 민구를 쳐다보았다.

"저번에 저녁 식사 때 제게 물어보셨잖아요. 공주님과 결혼해서 여기에 남겠느냐, 아니면 집으로 돌아가겠느냐?"

공주가 눈을 동그랗게 뜨고 물었다.

"내가 언제?"

그제서야 자영이와 원빈이가 웃었다.

"정신 차려! 그건 공주로 변한 용하다할멈이 말한 거야. 진짜 공주님이 말한 게 아니란 말야."

하지만 민구는 원빈이의 말이 귀에 들어오지 않았다.

민구는 공주 앞에 무릎을 꿇고 말했다.

"이제 대답해 드리겠습니다, 공주님. 공주님과 결혼해서 여기에 남고 싶습니다. 부디, 제 청혼을 받아 주십시오."

왕과 공주가 난처한 얼굴로 서 있었다.

이제 곧 떠나야 할 시간이었다. 자영이와 원빈이는 민구를 일으켜 세웠다. 두 사람은 가까스로 우주선 안으로 민구를 끌고 들어갔다. 민구는 끌려가지 않으려고 발버둥 쳤다. 그런 민구를 왕은 재미있다는 듯이 바라보았고, 공주는 안타까운 눈빛으로 바라보았다.

이윽고 우주선이 공중으로 떠올랐다. 광장에 모여 있던 이 나라 사람들이 환호성을 지르며 손을 흔들어 주었다.

왕과 공주, 근위대장과 아흔여덟 명의 무사들도 손을 흔들어 주었다.

공중에서 두 바퀴 돈 우주선이 하늘을 향해 날아 올라갔다.

"집으로 돌아간다니, 꿈만 같구나."

원빈이가 꿈꾸는 듯한 얼굴로 말했다. 자영이는 그동안 모자랐던 잠을 자려고 눈을 감았다. 우주선은 빛보다 빠른 속도로 우주 속으로 들어갔다.

자영이는 꿈을 꾸었다. 아빠, 엄마와 함께 놀이동산에 가서 즐거운 시간을 보내는 꿈이었다. 너무나 행복하고 즐거웠다. 원빈이는 엄마를 만났다. 엄마가 원빈이에게 다가와 눈물을 흘리며 꼭 껴안았다. 다시는 원빈이를 버리고 도망가지 않겠다고 손가락 걸고 약속도 했다.

한참 꿈속에 빠져있던 자영이와 원빈이는 동시에 눈을 떴다. 갑자기 뭔가 허전한 이상한 느낌이 들었다. 두 사람은 동시에

민구가 앉아 있던 의자를 보았다.

없다! 민구 자리가 텅 비어 있었다. 아무리 우주선 안을 샅샅이 뒤져 보아도 민구가 없었다.

두 사람은 목이 터져라 민구를 불렀다.

"민구야!"

도대체 민구는 어디로 갔을까?

경제탐정이 알려주는 경제 이야기

p.12 부도
지불하기로 한 기한에 맞춰 돈을 지불하지 못한 경우를 말합니다.
-〈사회〉 초등학교 5학년 2학기 / 1. 우리나라 경제 생활의 특징

p.12 차압
빚을 갚지 못한 채무자의 재산을 국가 기관 등에서 강제로 처분하기 위해 취하는 조치입니다.
-〈사회〉 초등학교 5학년 2학기 / 1. 우리나라 경제 생활의 특징

p.12 경매
경매는 한 가지 물건에 대해 가장 높은 가격을 부르는 사람에게 그 물건을 파는 제도를 말합니다. 국가 기관이 하는 공경매와 개인이 하는 사경매가 있으며, 여기에 나오는 강제 처분에 의한 경매는 공경매에 해당합니다.
-〈사회〉 초등학교 5학년 2학기 / 1. 우리나라 경제 생활의 특징

p.64 물물교환
물건과 물건을 직접 맞바꾸는 것을 말합니다. 화폐가 없었던 시절에는 이렇게 물물교환을 통해 필요한 물건을 구입했습니다.

–〈사회〉 초등학교 4학년 1학기 / 5. 서로 돕는 경제 생활

p.68 화폐
물건이나 상품의 교환, 유통을 편리하고 원활하게 하기 위한 수단으로 등장했습니다. 오늘날에는 화폐의 기능이 보다 넓게 발전해서 가치 척도의 수단, 교환 수단, 지급 수단, 보장 수단이라는 4가지 기능을 하고 있습니다.
–〈사회〉 초등학교 4학년 1학기 / 5. 서로 돕는 경제 생활

p.76 중앙은행
화폐를 발행하는 등 한 나라의 통화제도의 중심이 되는 은행으로 한국의 한국은행, 미국의 연방준비은행, 영국의 잉글랜드은행, 프랑스의 프랑스은행, 일본의 일본은행 등이 이에 속합니다.
–〈사회〉 초등학교 4학년 1학기 / 5. 서로 돕는 경제 생활
–〈사회〉 초등학교 4학년 2학기 / 6. 알뜰한 살림살이

p.77 환율
외국환 시세 혹은 외환시세라고도 합니다. 한 나라의 화폐와 다른 나라 화폐와의 교환비율을 말합니다. 즉 한국의 원화를 미국의 달러나 독일의 마르크, 유럽의 유로화와 교환할 때의 비율이지요.
–〈사회〉 초등학교 5학년 2학기 / 2. 세계로 뻗어가는 우리 경제

p.99 공장
원료나 재료를 이용하여 물건을 만들어 내는 곳을 말합니다. 우리

가 일상생활에서 사용하는 대부분의 물건은 바로 공장에서 생산하고 있습니다.
-〈사회〉 초등학교 4학년 2학기 / 5. 다양한 생산 활동과 가정의 소득

p.105 중간 도매상

산지에서 생산되는 농산물이나 공장에서 생산되는 물건은 직접 소비자에게 전달되기보다는 일반적으로 중간 도매상을 통해 소매상으로 넘어가는 단계를 거치게 됩니다. 즉 소비자는 소매상을 통해 물건을 구입하는 거지요. 편리한 면도 있지만 유통 단계가 많을수록 소비자가 지불해야 할 돈이 늘어나므로 최근에는 중간 도매상을 거치지 않고 생산자와 소비자가 직접 거래하는 경우도 많습니다.
-〈사회〉 초등학교 4학년 2학기 / 5. 다양한 생산 활동과 가정의 소득

p.110 인플레이션

시중에 돈이 너무 많거나 구하려는 물건이 부족할 경우 화폐의 가치가 낮아지면서 물가는 계속 오르는 현상을 말합니다.
-〈사회〉 초등학교 5학년 2학기 / 1. 우리나라 경제 생활의 특징

p.111 수요

어떤 물건이나 상품에 대해 구입하고자 하는 수량을 말합니다. 수요에는 실질적으로 구매하려는 수요인 유효수요와 구매력은 없으나 구입하고자 하는 욕구만 있는 잠재수요가 있습니다.
-〈사회〉 초등학교 5학년 2학기 / 1. 우리나라 경제 생활의 특징

p.111 공급

수요와 반대되는 것으로 어떤 상품에 대해 판매자가 정한 가격으로 제공하는 일을 말합니다. 흔히 수요와 공급의 법칙에 따라 가격도 변하게 됩니다. 예를 들어 수요가 많고 공급은 줄어들면 가격은 오르고, 반대로 공급만 많고 수요는 그다지 없을 때는 가격이 내린다는 의미입니다.

-〈사회〉 초등학교 5학년 2학기 / 1. 우리나라 경제 생활의 특징

p.113 긴축 재정

재정 규모를 축소시키는 경제 정책으로 원활한 경제활동을 위해 취하는 경제 조치 중 하나입니다.

-〈사회〉 초등학교 5학년 2학기 / 1. 우리나라 경제 생활의 특징

p.128 독점

어떤 상품을 생산하거나 공급하는 사람이 1인인 경우, 혹은 특정 자본이 생산과 시장을 지배하고 있는 경우를 말합니다. 독점의 경우 가격이나 공급량 등을 마음대로 결정할 수 있기 때문에 정부는 독점을 막고 합리적인 경제 활동을 할 수 있도록 조정합니다.

-〈사회〉 초등학교 5학년 2학기 / 1. 우리나라 경제 생활의 특징

p.131 공정거래위원회

독점이나 불공정거래를 막기 위해 설립된 기관입니다. 현재 국무총리 소속의 중앙행정기관이며 1981년에 만들어졌습니다.

-〈사회〉 초등학교 5학년 2학기 / 1. 우리나라 경제 생활의 특징

p.139 **IMF**

국제통화기금(International Monetary Fund)의 약자입니다. 세계무역 안정을 목적으로 설립한 국제금융기관으로 1945년 설립되었으며 현재 미국 워싱턴에 있습니다. 2008년 현재 총 185개국이 가입되어 있습니다.

–〈사회〉 초등학교 5학년 2학기 / 2. 세계로 뻗어가는 우리 경제

p.140 **세금**

국가나 지방 자치 단체가 필요한 경비를 사용하기 위해 국민이나 주민으로부터 거두어들이는 돈입니다. 거두어들이는 곳이 어디냐에 따라 국세와 지방세, 거두어들이는 방법에 따라 직접세와 간접세로 나눌 수 있습니다.

–〈사회〉 초등학교 5학년 2학기 / 1. 우리나라 경제 생활의 특징

p.143 **예산**

국가나 단체에서 한 해의 수입과 지출을 미리 계산하여 정한 계획을 말합니다.

–〈사회〉 초등학교 5학년 2학기 / 1. 우리나라 경제 생활의 특징

p.163 **주식회사**

특정한 사람이 만든 회사가 아니라 주식을 발행하여 그것을 판 돈으로 설립된 회사를 말합니다. 따라서 주식을 산 다수의 주주가 회사의 주인이며 자본과 경영이 분리되는 방식의 회사입니다.

–〈사회〉 초등학교 5학년 2학기 / 1. 우리나라 경제 생활의 특징

p.164 **자본금**

어떤 사업을 벌일 때 밑천이 되는 돈입니다. 개인 기업에서는 기업주가 내놓은 사업밑천이며 주식회사의 경우에는 법률로 그 내용이 정해져 있습니다.

–〈사회〉 초등학교 5학년 2학기 / 1. 우리나라 경제 생활의 특징

p.170 **주식**

주식회사의 자본을 구성하는 단위입니다.

–〈사회〉 초등학교 5학년 2학기 / 1. 우리나라 경제 생활의 특징

p.193 **기회비용**

어떤 것을 선택했을 때는 그 선택 이외의 나머지는 포기한다는 것과 같습니다. 이때 포기한 나머지의 가치를 기회비용이라고 합니다.

–〈사회〉 초등학교 5학년 2학기 / 1. 우리나라 경제 생활의 특징

경제의 역사와 원리를 알려주는 경제동화
경제탐정, 위기에 빠진 경제를 살려라!

1판 1쇄 발행 | 2008. 12. 30.
1판 4쇄 발행 | 2016. 4. 26.

김선희 글 | 최상훈 그림

발행처 김영사 | **발행인** 김강유
편집주간 전자운
편집 고영완 문자영 김지아 박은희 김효성 김선민 김보민
디자인 김순수 김민혜 윤소라 | **해외저작권** 김소연
마케팅부 이재균 곽희은 백미숙 이호윤 이연구 | **제작부** 김일환
등록번호 제 406-2003-036호
등록일자 1979. 5. 17.
주소 경기도 파주시 문발로 197(우10881)
전화 마케팅부 031-955-3100 편집부 031-955-3113~20
팩스 031-955-3111

저작권자 ⓒ 2008 김선희, 최상훈
이 책의 저작권은 저자에게 있습니다.
저자와 출판사의 허락 없이 내용의 일부를 인용하거나 발췌하는 것을 금합니다.

값은 표지에 있습니다.
ISBN 978-89-349-3283-3 73320

좋은 독자가 좋은 책을 만듭니다.
김영사는 독자 여러분의 의견에 항상 귀 기울이고 있습니다.
독자의견전화 031-955-3139 | 전자우편 book@gimmyoung.com
홈페이지 www.gimmyoungjr.com | 어린이들의 책놀이터 cafe.naver.com/gimmyoungjr